U0903512

法律援助法一本通

法规应用研究中心　编

中国法制出版社
CHINA LEGAL PUBLISHING HOUSE

图书在版编目（CIP）数据

法律援助法一本通 / 法规应用研究中心编 .—北京：中国法制出版社，2023. 1
（法律一本通；23）
ISBN 978-7-5216-3157-9

Ⅰ. ①法… Ⅱ. ①法… Ⅲ. ①法律援助-基本知识-中国 Ⅳ. ①D926. 5

中国版本图书馆 CIP 数据核字（2022）第 215163 号

责任编辑：黄会丽　　　　封面设计：杨泽江

法律援助法一本通

FALÜ YUANZHUFA YIBENTONG

编者/法规应用研究中心
经销/新华书店
印刷/三河市国英印务有限公司
开本/880 毫米×1230 毫米　32 开　　　　印张/ 6　字数/ 142 千
版次/2023 年 1 月第 1 版　　　　2023 年 1 月第 1 次印刷

中国法制出版社出版
书号 ISBN 978-7-5216-3157-9　　　　定价：29. 00 元

北京市西城区西便门西里甲 16 号西便门办公区
邮政编码：100053　　　　传真：010-63141600
网址：http：//www. zgfzs. com　　　　**编辑部电话：010-63141792**
市场营销部电话：010-63141612　　　　**印务部电话：010-63141606**

（如有印装质量问题，请与本社印务部联系。）

编 辑 说 明

“法律一本通”系列丛书自2005年出版以来，以其科学的体系、实用的内容，深受广大读者的喜爱。2007年、2011年、2014年、2016年、2018年、2019年、2021年我们对其进行了改版，丰富了其内容，增强了其实用性，博得了广大读者的赞誉。

我们秉承“以法释法”的宗旨，在保持原有的体例之上，今年再次对“法律一本通”系列丛书进行改版，以达到“应办案所需，适学习所用”的目标。新版丛书具有以下特点：

1. 丛书以主体法的条文为序，逐条穿插关联的现行有效的法律、行政法规、部门规章、司法解释、请示答复和部分地方规范性文件，以方便读者理解和适用。

2. 丛书紧扣实践和学习两个主题，在目录上标注了重点法条，并在某些重点法条的相关规定之前，对收录的相关文件进行分类，再按分类归纳核心要点，以便读者最便捷地查找使用。

3. 丛书紧扣法律条文，在主法条的相关规定之后附上案例指引，收录最高人民法院、最高人民检察院指导性案例、公报案例以及相关机构公布的典型案例的裁判摘要、案例要旨或案情摘要等。通过相关案例，可以进一步领会和把握法律条文的适用，从而作为解决实际问题的参考。并对案例指引制作索引目录，方便读者查找。

4. 丛书以脚注的形式，对各类法律文件之间或者同一法律文件不同条文之间的适用关系、重点法条疑难之处进行说明，以便读者系统地理解我国现行各个法律部门的规则体系，从而更好地为教学科研和司法实践服务。

5. 丛书结合二维码技术的应用为广大读者提供增值服务，扫描前勒口二维码，即可免费部分使用中国法制出版社推出的【法融】数据库。【法融】数据库中“国家法律法规”栏目便于读者查阅法律文件准确全文及效力的同时，更有部分法律文件权威英文译本等独家资源分享。“最高法指导案例”和“最高检指导案例”两个栏目提供最高人民法院和最高人民检察院指导性案例的全文，为读者提供更多增值服务。

中国法制出版社

2022年12月

目　录

第一章　总　　则

第二章　机构和人员

第三章　形式和范围

第四章　程序和实施

第五章　保障和监督

第六章　法 律 责 任

第七章　附　则

附录一

附录二

案例索引目录

中华人民共和国法律援助法

（2021年8月20日第十三届全国人民代表大会常务委员会第三十次会议通过　2021年8月20日中华人民共和国主席令第93号公布　2022年1月1日起施行）

目　　录

第一章　总　　则

第一条　立法目的[①]

为了规范和促进法律援助工作，保障公民和有关当事人的合法权益，保障法律正确实施，维护社会公平正义，制定本法。

部门规章及文件

1.《关于促进律师参与公益法律服务的意见》（2019年10月17日）

为充分发挥律师在推进全面依法治国中的重要作用，更好满

① 条文主旨为编者所加，下同。

足人民群众日益增长的法律服务需求，根据《中共中央办公厅国务院办公厅印发〈关于深化律师制度改革的意见〉的通知》《中共中央办公厅国务院办公厅印发〈关于加快推进公共法律服务体系建设的意见〉的通知》和相关法律法规规定，现就促进律师参与公益法律服务提出如下意见。

一、总体要求

（一）指导思想。以习近平新时代中国特色社会主义思想为指导，全面贯彻落实党的十九大和十九届二中、三中全会精神，认真贯彻落实习近平总书记全面依法治国新理念新思想新战略，组织、引导、支持广大律师积极参与公益法律服务，大力发展公益法律服务事业，推动律师公益法律服务制度化、规范化，构建覆盖城乡、高效便捷、均等普惠的公共法律服务体系和全业务、全时空的法律服务网络，增强人民群众在全面依法治国中的获得感、幸福感、安全感。

（二）基本原则。坚持党建引领，发挥律师事务所党组织在公益法律服务中的战斗堡垒作用和党员律师的先锋模范作用；践行为民宗旨，着力服务和保障民生，满足人民群众日益增长的法律服务需求；鼓励志愿奉献，引导律师自觉履行社会责任，主动参与公益法律服务；加强组织领导，完善经费保障和工作激励措施，调动律师参与公益法律服务的积极性。

（三）工作目标。广大律师参与公益法律服务的积极性、主动性不断增强，公益法律服务覆盖面持续扩大，服务质量和水平逐步提升，体制机制更加健全，激励保障措施更加完善，在满足人民群众法律服务需求、推进全面依法治国中的作用更加凸显，促进律师队伍亲民、爱民、为民的良好形象进一步树立，律师职业社会认可度、满意度、美誉度进一步提升。

二、主要措施

本《意见》所称公益法律服务，是指律师事务所、律师为公民、法人和其他组织提供的无偿法律服务。

（四）拓展服务领域。鼓励、引导律师为残疾人、农民工、老年人、妇女、未成年人等特殊群体提供公益法律服务；担任村（居）法律顾问，为城乡群众和基层群众性自治组织提供服务；参与公益性法治宣传活动，担任普法志愿者、法治辅导员等；在公共法律服务平台或者通过其他渠道提供免费法律咨询服务；参与法治扶贫活动，到边疆地区、欠发达地区和少数民族地区担任志愿律师；协助党政机关开展信访接待、涉法涉诉案件化解、重大突发案事件处置、城市管理执法等工作；提供公益性律师调解服务，志愿参与人民调解、行政调解、司法调解和行业性、专业性调解；参与民营企业“法治体检”公益服务；从事公益法律服务政策研究、立法论证、学术交流、人才培养等工作；为公益法律服务活动提供赞助或者支持；从事其他形式的公益法律服务。

（五）增强服务实效。突出服务重点，围绕满足群众基本法律需求，优先为城乡困难群众和特殊群体提供公益法律服务，强化劳动、就业、社保、教育、医疗等民生领域法律服务，主动为脱贫攻坚、污染防治等国家重大发展战略服务。准确把握服务对象需求，针对不同受众和不同主题，善于用群众喜闻乐见、通俗易懂、灵活有效的方式开展服务，增强服务针对性、吸引力。支持律师自主选择与其专业特长、实践经验、兴趣爱好等相适应的服务内容和方式，调动律师参与积极性。创新服务形式，探索“互联网+”公益法律服务模式，充分运用中国法律服务网、微信、微博、手机 APP 等服务载体，提供线上咨询、智能诊断、信息推送等形式的远程在线服务。加强与高校法律诊所、有关社会团体、爱心企业、爱心人士等社会力量的合作，共同开展公益法律服务活动。

（六）明确服务要求。律师应当积极参与党委和政府、司法行政机关和律师协会组织的公益法律服务活动。倡导每名律师每年参与不少于50个小时的公益法律服务或者至少办理2件法律援助案件。各地可以结合本地经济社会发展水平和律师行业实际，制定律师公益法律服务工作量的具体指导标准，并可以根据律师执业地域、年龄、身体状况等分类提出要求。公益法律服务工作量的计算方法由各地司法行政机关、律师协会确定。律师从事公益法律服务应当依法依规，勤勉尽责，可以与服务对象签订服务协议，对服务内容、方式、工作条件等进行约定，规范服务流程，保障服务质量。

（七）提升服务能力。发展公益法律服务机构和公益律师队伍，加强法律服务志愿者队伍建设，提高公益法律服务专业化、职业化水平。各律师协会普遍设立公益法律服务专门委员会，鼓励设立未成年人保护等领域的公益法律服务专业委员会。律师协会开展申请律师执业人员集中培训、行业领军人才培训、青年律师培训等培训活动时，应当把公益法律服务培训作为重要内容。积极开展形式多样的公益法律服务业务技能培训和研讨交流活动，加强公益法律服务政策理论研究。做优做强中国法律服务网、“援藏律师服务团”、“1+1”法律援助志愿者行动、“同心·律师服务团”等公益法律服务品牌。

（八）注重示范引领。各地司法行政机关、律师协会应当积极培养和选树律师公益法律服务先进典型，总结推广有益经验和做法。中共党员律师、担任人大代表或者政协委员的律师、律师协会评选表彰的历届优秀律师、律师协会会长、副会长、监事长、常务理事以及知名律师等应当在公益法律服务中发挥表率作用。鼓励、支持青年律师、实习律师参与公益法律服务，在实践锻炼中提升道德修养和业务能力。各律师事务所特别是大型律师事务所、知名律师事务所应当积极组织、支持本所律师参与公益法律服务，在活动时间、经费场地、绩效考核等方面给予必要的保障。

（九）开展考核评价。律师、律师事务所参与公益法律服务时应当注意保存相关工作记录。司法行政机关、律师协会组织开展律师执业年度考核和律师事务所年度检查考核时，应当按照《律师事务所年度检查考核办法》等行政规章和行业规范要求，把公益法律服务情况作为重要考核内容。完善行业主管部门和律师协会评价、服务对象评价、社会公众评价、服务主体自评相结合的公益法律服务评价机制，将评价结果与律师事务所、律师评先评优挂钩。

三、工作保障

（十）强化组织领导。各地司法行政机关、律师协会负责指导、推动本地区律师公益法律服务工作，协调解决工作中遇到的困难，促进律师公益法律服务深入开展。鼓励各地根据当地发展状况和群众实际需要，探索符合本地实际的公益法律服务工作模式、组织形式、运作方式。积极建立健全司法行政机关、律师协会与法院、检察院、公安、宣传、民政、工会、妇联、残联、工商联等有关单位和社会组织的沟通协调机制，搭建合作平台。完善跨区域协作和对口支援机制，组织、支持律师到欠发达地区和律师资源匮乏地区提供公益法律服务。

（十一）加强经费支持。各地司法行政机关要主动向当地 党委、政府汇报律师公益法律服务开展情况及成效，推动将符合条件的律师公益法律服务事项纳入各级基本公共服务体系，争取财政预算和资金支持，加大经费保障力度。有关单位组织律师无偿服务时，一般应协调相应的工作经费，为律师提供适当的交通、食宿等工作补贴。探索通过发放法律服务消费券形式提供公益法律服务。拓宽经费来源，充分利用中央彩票专项公益金等资金开展公益法律服务活动，引导社会力量通过慈善捐赠、项目合作等形式支持公益法律服务。

（十二）完善激励措施。各地推荐党代表、人大代表、政协委员和选举律师协会会长、副会长、监事长、常务理事、理事、监事及专门委员会、专业委员会负责人，以及选派律师参加国内外交流培训等活动时，应当在同等条件下优先考虑在公益法律服务中表现突出的律师。有条件的地方律师协会可以根据需要对在公益法律服务中表现突出的律师、律师事务所酌情减免个人会费、团体会费。指导、推动党政机关、企事业单位选聘法律顾问时，在同等条件下优先选聘在公益法律服务中表现突出的律师和律师事务所。

（十三）大力表彰宣传。对在公益法律服务中表现突出的律师和律师事务所，各地司法行政机关、律师协会要在本系统评先评优活动中优先考虑，并积极推荐其参加劳动模范、道德模范或者其他形式的评选表彰。组织各类媒体大力宣传律师参与公益法律服务的做法成效，深入报道律师服务为民的感人事迹，生动展示律师队伍的高尚道德品质和良好精神风貌，增强律师参与公益法律服务的荣誉感、自豪感。

2. **《关于律师开展法律援助工作的意见》**（2017 年 2 月 17 日）

为深入贯彻落实党的十八大和十八届三中、四中、五中、六中全会精神，贯彻落实中办国办印发的《关于完善法律援助制度的意见》（中办发〔2015〕37 号）文件精神，充分发挥律师在法律援助工作中的作用，更好地满足人民群众法律援助需求，现就律师开展法律援助工作提出如下意见。

一、充分认识律师开展法律援助工作的重要意义

律师队伍是落实依法治国基本方略、建设社会主义法治国家的重要力量，是我国法律援助事业的主体力量。近年来，广大律师积极投身法律援助事业，认真办理法律援助案件，依法履责，无私奉献，为保障困难群众合法权益、维护社会公平正义作出了积极贡献。推进律师开展法律援助工作，是贯彻全面依法治国、有效发挥律师在建设社会主义法治国家中作用的必然要求，是加

大法律援助服务群众力度、提供优质高效法律援助服务的客观需要，是广大律师忠诚履行社会主义法律工作者职责使命、树立行业良好形象的重要体现。各级司法行政机关要充分认识律师开展法律援助工作的重要性，采取有效措施，加强指导监督，完善体制机制，强化工作保障，组织引导广大律师依法履行法定职责，牢固树立执业为民理念，自觉承担社会责任，切实增强开展法律援助工作的责任感和荣誉感，进一步做好服务群众工作，为全面依法治国、建设社会主义法治国家作出新贡献。

二、组织律师积极开展法律援助工作

1. 做好刑事法律援助指派工作。严格贯彻落实修改后《刑事诉讼法》及相关配套文件，组织律师做好会见、阅卷、调查取证、庭审等工作，认真办理侦查、审查起诉、审判各阶段法律援助案件。

2. 加大民生领域法律援助力度。组织律师围绕劳动保障、婚姻家庭、食品药品、教育医疗等民生事项，及时为符合条件的困难群众提供诉讼和非诉讼代理，促进解决基本生产生活方面的问题。

3. 广泛开展咨询服务。优先安排律师在法律援助便民服务窗口和“12348”法律服务热线值班，运用自身专业特长为群众提供咨询意见，积极提供法律信息和帮助，引导群众依法表达合理诉求，提高群众法治意识。

4. 开展申诉案件代理工作。逐步将不服司法机关生效裁判、决定，聘不起律师的申诉人纳入法律援助范围，引导律师为经济困难申诉人通过法律援助代理申诉。

5. 建立法律援助值班律师制度。法律援助机构通过在人民法院、看守所派驻值班律师，依法为犯罪嫌疑人、被告人等提供法律咨询等法律帮助。

6. 推进法律援助参与刑事案件速裁程序、认罪认罚从宽等诉讼制度改革工作。组织引导律师为速裁程序、认罪认罚从宽以及其他诉讼改革程序犯罪嫌疑人、被告人提供法律咨询、程序选择等法律帮助。

7. 积极参与刑事和解案件办理。对于当事人自愿和解的案件，组织引导律师依法为符合条件的犯罪嫌疑人、被告人或者被害人提供法律援助服务，促进达成和解。

8. 发挥辩护律师在死刑复核程序中的作用。组织律师办理死刑复核法律援助案件，依法为死刑复核案件被告人提供辩护服务。

9. 办理跨行政区划法律援助案件。适应建立与行政区划适当分离的司法管辖制度改革，组织律师开展跨行政区划法院、检察院受理、审理案件法律援助工作。

10. 推动律师广泛参与法律援助工作。省级司法行政机关根据当地法律援助需求量、律师数量及分布情况，明确律师承办一定数量法律援助案件，努力使律师通过多种形式普遍公平承担法律援助义务。司法行政机关、律师协会应当在律师事务所检查考核及律师执业年度考核中将律师履行法律援助义务情况作为重要考核依据。鼓励有行业影响力的优秀律师参与法律援助工作。

11. 推动律师提供公益法律服务。倡导每名律师每年提供不少于 24 小时的公益服务。对不符合法律援助条件、经济确有困难的群众提供减免收费，发展公益法律服务机构和公益律师队伍，专门对老年人、妇女、未成年人、残疾人、外来务工人员、军人军属等提供免费的法律服务。

三、切实提高律师法律援助服务质量

1. 规范组织实施工作。法律援助机构要在法定时限内指派律师事务所安排承办律师，规范各环节办理流程，确保办案工作顺利开展。综合考虑律师资质、专业特长、承办法律援助案件情况、受援人意愿等因素确定办案律师，对无期徒刑、死刑案件以及未成年人案件严格资质要求，提高办案专业化水平。

2. 加强服务标准建设。完善律师承办法律援助案件各环节工作制度，制定刑事、民事、行政法律援助案件质量标准，确保律师为受援人提供符合标准的法律援助。

3. 加强办案质量监管。法律援助机构要积极推进案件质量评估试点工作，综合运用案卷评查、旁听庭审、听取办案机关意见、回访受援人等措施对律师承办法律援助案件进行监管，有条件的地方运用信息化手段对办案实行动态监控。

4. 做好投诉处理工作。司法行政机关严格依法办理法律援助投诉，规范对律师承办法律援助案件的投诉事项范围、程序和处理反馈工作。对律师接受指派后，怠于履行法律援助义务或有其他违反法律援助管理规定的行为，由司法行政机关依法依规处理。

5. 加强律师协会对律师事务所开展法律援助工作的指导。律师协会应当按照律师协会章程的规定对法律援助组织实施工作予以协助，指导律师和律师事务所提高办案质量。

6. 强化律师事务所法律援助案件管理责任。律师事务所严格接受指派、内部审批、办理案件、案卷归档、投诉处理等各环节流程。建立律师事务所重大、疑难案件集体讨论制度。根据法律援助常涉纠纷案件类别和所内律师办案专长，培养擅长办理法律援助案件的律师团队。完善律师事务所内部传帮带制度，建立完善青年律师办理法律援助案件带教制度。

四、创新律师开展法律援助工作机制

1. 推行政府购买法律援助服务工作机制。司法行政机关根据政府购买服务相关规定，向律师事务所等社会力量购买法律服务，引入优质律师资源提供法律援助。

2. 建立法律援助疑难复杂案件办理机制。法律援助机构根据律师业务专长和职业操守，建立法律援助专家律师库，对重大疑难复杂案件实行集体讨论、全程跟踪、重点督办。

3. 加强法律援助异地协作。法律援助机构就案件调查取证、送达法律文书等事项积极开展协作，提高工作效率。

4. 积极扶持律师资源短缺地区法律援助工作。根据律师资源分布和案件工作量等情况，采取对口支援、志愿服务、购买服务等方式提高律师资源短缺地区法律援助服务能力。

5. 健全沟通协作机制。司法行政机关、法律援助机构和律师协会要建立协作机制，定期沟通工作情况，共同研究解决律师服务质量、工作保障等方面存在的问题。建立法律援助机构与律师事务所、律师沟通机制，鼓励律师围绕法律援助制度改革、政策制定等建言献策，提高法律援助工作水平。

五、加强律师开展法律援助工作的保障

1. 加强律师执业权益保障。司法行政机关、法律援助机构和律师协会要认真落实刑事、民事、行政诉讼法和律师法等有关法律关于律师执业权利的规定，积极协调法院、检察院、公安机关落实律师会见通信权、阅卷权、收集证据权、辩论辩护权等执业权利，保障律师办理法律援助案件充分履行辩护代理职责。完善律师开展法律援助工作执业权益维护机制，建立侵犯律师执业权利事件快速处置和联动机制，建立完善救济机制。

2. 加强经费保障。完善法律援助经费保障体制，明确经费使用范围和保障标准，确保经费保障水平适应办案工作需要。根据律师承办案件成本、基本劳务费用等因素合理确定律师办案补贴标准并及时足额支付，建立办案补贴标准动态调整机制。推行法律援助机构律师担任法律援助值班律师工作。现有法律援助机构律师力量不足的，可以采取政府购买服务方式向律师事务所等社会力量购买法律服务，所需经费纳入法律援助工作经费统筹安排。发挥法律援助基金会募集资金作用，拓宽法律援助经费渠道。鼓励律师协会和律师事务所利用自身资源开展法律援助工作。

3. 加大办案支持力度。加强与法院、检察院、公安、民政、工商、人力资源等部门的工作衔接，推动落实好办理法律援助案件免收、缓收复制案件材料费以及资料查询等费用规定。

4. 加强教育培训。加强法律援助业务培训，司法行政机关举办的法律援助培训要吸收律师参加，律师协会要在律师业务培训课程中增设法律援助有关内容。加强对新执业律师开展法律援助工作的培训。组织律师参加国际法律援助交流培训项目。

5. 加强政策引导。省级司法行政机关应当把律师开展法律援助工作情况作为项目安排、法律援助办案专项资金分配的重要依据，推动地市、县区加大工作推进力度。

6. 完善激励措施。对于积极办理法律援助案件、广泛开展法律援助工作的律师事务所和律师，司法行政机关、律师协会在人才培养、项目分配、扶持发展、综合评价等方面给予支持，在律师行业和法律援助行业先进评选中加大表彰力度，并通过多种形式对其先进事迹进行广泛深入宣传，树立并提升行业形象。

司法解释及文件

3. **《关于依法保障律师执业权利的规定》**（2015 年 9 月 16 日）

第 1 条 为切实保障律师执业权利，充分发挥律师维护当事人合法权益、维护法律正确实施、维护社会公平和正义的作用，促进司法公正，根据有关法律法规，制定本规定。

第二条 基本含义

本法所称法律援助，是国家建立的为经济困难公民和符合法定条件的其他当事人无偿提供法律咨询、代理、刑事辩护等法律服务的制度，是公共法律服务体系的组成部分。

● 法 律

1.《律师法》（2017 年 9 月 1 日）

第 28 条 律师可以从事下列业务：

（一）接受自然人、法人或者其他组织的委托，担任法律顾问；

（二）接受民事案件、行政案件当事人的委托，担任代理人，参加诉讼；

（三）接受刑事案件犯罪嫌疑人、被告人的委托或者依法接受法律援助机构的指派，担任辩护人，接受自诉案件自诉人、公诉案件被害人或者其近亲属的委托，担任代理人，参加诉讼；

（四）接受委托，代理各类诉讼案件的申诉；

（五）接受委托，参加调解、仲裁活动；

（六）接受委托，提供非诉讼法律服务；

（七）解答有关法律的询问、代写诉讼文书和有关法律事务的其他文书。

● 行政法规及文件

2.《法律援助条例》（2003 年 7 月 21 日）

第 2 条 符合本条例规定的公民，可以依照本条例获得法律咨询、代理、刑事辩护等无偿法律服务。

● 部门规章及文件

3.《关于刑事诉讼法律援助工作的规定》（2013 年 2 月 4 日）

第 5 条 公安机关、人民检察院在第一次讯问犯罪嫌疑人或者采取强制措施的时候，应当告知犯罪嫌疑人有权委托辩护人，并告知其如果符合本规定第二条规定，本人及其近亲属可以向法律援助机构申请法律援助。

人民检察院自收到移送审查起诉的案件材料之日起 3 日内，应当告知犯罪嫌疑人有权委托辩护人，并告知其如果符合本规定

第二条规定，本人及其近亲属可以向法律援助机构申请法律援助；应当告知被害人及其法定代理人或者近亲属有权委托诉讼代理人，并告知其如果经济困难，可以向法律援助机构申请法律援助。

人民法院自受理案件之日起3日内，应当告知被告人有权委托辩护人，并告知其如果符合本规定第二条规定，本人及其近亲属可以向法律援助机构申请法律援助；应当告知自诉人及其法定代理人有权委托诉讼代理人，并告知其如果经济困难，可以向法律援助机构申请法律援助。人民法院决定再审的案件，应当自决定再审之日起3日内履行相关告知职责。

犯罪嫌疑人、被告人具有本规定第九条规定情形的，公安机关、人民检察院、人民法院应当告知其如果不委托辩护人，将依法通知法律援助机构指派律师为其提供辩护。

4.《**办理法律援助案件程序规定**》（2012年4月9日）

第24条 法律援助机构对公民申请的法律咨询服务，应当即时解答；复杂疑难的，可以与申请人预约择时办理。在解答法律咨询过程中，认为申请人可能符合代理或者刑事辩护法律援助条件的，应当告知其可以依法提出申请。

第三条 基本原则

法律援助工作坚持中国共产党领导，坚持以人民为中心，尊重和保障人权，遵循公开、公平、公正的原则，实行国家保障与社会参与相结合。

第四条 法律援助保障体系

县级以上人民政府应当将法律援助工作纳入国民经济和社会发展规划、基本公共服务体系，保障法律援助事业与经济社会协调发展。

县级以上人民政府应当健全法律援助保障体系，将法律援助相关经费列入本级政府预算，建立动态调整机制，保障法律援助工作需要，促进法律援助均衡发展。

● **行政法规及文件**

《法律援助条例》（2003年7月21日）

第3条 法律援助是政府的责任，县级以上人民政府应当采取积极措施推动法律援助工作，为法律援助提供财政支持，保障法律援助事业与经济、社会协调发展。

法律援助经费应当专款专用，接受财政、审计部门的监督。

第5条 直辖市、设区的市或者县级人民政府司法行政部门根据需要确定本行政区域的法律援助机构。

法律援助机构负责受理、审查法律援助申请，指派或者安排人员为符合本条例规定的公民提供法律援助。

第五条 法律援助工作的指导监督

国务院司法行政部门指导、监督全国的法律援助工作。县级以上地方人民政府司法行政部门指导、监督本行政区域的法律援助工作。

县级以上人民政府其他有关部门依照各自职责，为法律援助工作提供支持和保障。

● **行政法规及文件**

《法律援助条例》（2003年7月21日）

第4条 国务院司法行政部门监督管理全国的法律援助工作。县级以上地方各级人民政府司法行政部门监督管理本行政区域的法律援助工作。

中华全国律师协会和地方律师协会应当按照律师协会章程对

依据本条例实施的法律援助工作予以协助。

第六条 公检法机关保障职责

人民法院、人民检察院、公安机关应当在各自职责范围内保障当事人依法获得法律援助，为法律援助人员开展工作提供便利。

司法解释及文件

1.《关于推进以审判为中心的刑事诉讼制度改革的意见》（2016年7月20日）

十七、健全当事人、辩护人和其他诉讼参与人的权利保障制度。

依法保障当事人和其他诉讼参与人的知情权、陈述权、辩论辩护权、申请权、申诉权。犯罪嫌疑人、被告人有权获得辩护，人民法院、人民检察院、公安机关、国家安全机关有义务保证犯罪嫌疑人、被告人获得辩护。

依法保障辩护人会见、阅卷、收集证据和发问、质证、辩论辩护等权利，完善便利辩护人参与诉讼的工作机制。

2.《最高人民检察院关于依法保障律师执业权利的规定》（2014年12月23日）

第4条 人民检察院应当依法保障当事人获得法律援助的权利。对于符合法律援助情形而没有委托辩护人或者诉讼代理人的，人民检察院应当及时告知当事人有权申请法律援助，并依照相关规定向法律援助机构转交申请材料。人民检察院发现犯罪嫌疑人属于法定通知辩护情形的，应当及时通知法律援助机构指派律师为其提供辩护，对于犯罪嫌疑人拒绝法律援助的，应当查明原因，依照相关规定处理。

3. **《关于依法保障律师执业权利的规定》**（2015年9月16日）

第2条 人民法院、人民检察院、公安机关、国家安全机关、司法行政机关应当尊重律师，健全律师执业权利保障制度，依照刑事诉讼法、民事诉讼法、行政诉讼法及律师法的规定，在各自职责范围内依法保障律师知情权、申请权、申诉权，以及会见、阅卷、收集证据和发问、质证、辩论等方面的执业权利，不得阻碍律师依法履行辩护、代理职责，不得侵害律师合法权利。

第14条 辩护律师自人民检察院对案件审查起诉之日起，可以查阅、摘抄、复制本案的案卷材料，人民检察院检察委员会的讨论记录、人民法院合议庭、审判委员会的讨论记录以及其他依法不能公开的材料除外。人民检察院、人民法院应当为辩护律师查阅、摘抄、复制案卷材料提供便利，有条件的地方可以推行电子化阅卷，允许刻录、下载材料。侦查机关应当在案件移送审查起诉后三日以内，人民检察院应当在提起公诉后三日以内，将案件移送情况告知辩护律师。案件提起公诉后，人民检察院对案卷所附证据材料有调整或者补充的，应当及时告知辩护律师。辩护律师对调整或者补充的证据材料，有权查阅、摘抄、复制。辩护律师办理申诉、抗诉案件，在人民检察院、人民法院经审查决定立案后，可以持律师执业证书、律师事务所证明和委托书或者法律援助公函到案卷档案管理部门、持有案卷档案的办案部门查阅、摘抄、复制已经审理终结案件的案卷材料。

辩护律师提出阅卷要求的，人民检察院、人民法院应当当时安排辩护律师阅卷，无法当时安排的，应当向辩护律师说明并安排其在三个工作日以内阅卷，不得限制辩护律师阅卷的次数和时间。有条件的地方可以设立阅卷预约平台。

人民检察院、人民法院应当为辩护律师阅卷提供场所和便利，配备必要的设备。因复制材料发生费用的，只收取工本费用。律师办理法律援助案件复制材料发生的费用，应当予以免收或者减收。辩护律师可以采用复印、拍照、扫描、电子数据拷贝等方式复制案卷材料，可以根据需要带律师助理协助阅卷。办案机关应当核实律师助理的身份。

辩护律师查阅、摘抄、复制的案卷材料属于国家秘密的，应当经过人民检察院、人民法院同意并遵守国家保密规定。律师不得违反规定，披露、散布案件重要信息和案卷材料，或者将其用于本案辩护、代理以外的其他用途。

第七条 行业协会职责

律师协会应当指导和支持律师事务所、律师参与法律援助工作。

行政法规及文件

1.《法律援助条例》（2003 年 7 月 21 日）

第 8 条 国家支持和鼓励社会团体、事业单位等社会组织利用自身资源为经济困难的公民提供法律援助。

部门规章及文件

2.《关于刑事诉讼法律援助工作的规定》（2013 年 2 月 4 日）

第 26 条 法律援助机构依法对律师事务所、律师开展法律援助活动进行指导监督，确保办案质量。

司法行政机关和律师协会根据律师事务所、律师履行法律援助义务情况实施奖励和惩戒。

公安机关、人民检察院、人民法院在案件办理过程中发现律师有违法或者违反职业道德和执业纪律行为，损害受援人利益的，应当及时向法律援助机构通报有关情况。

第八条 群团组织、事业单位、社会组织

国家鼓励和支持群团组织、事业单位、社会组织在司法行政部门指导下，依法提供法律援助。

● 行政法规及文件

《法律援助条例》（2003 年 7 月 21 日）

第 8 条 国家支持和鼓励社会团体、事业单位等社会组织利用自身资源为经济困难的公民提供法律援助。

第九条 社会力量支持

国家鼓励和支持企业事业单位、社会组织和个人等社会力量，依法通过捐赠等方式为法律援助事业提供支持；对符合条件的，给予税收优惠。

● 行政法规及文件

1. **《法律援助条例》**（2003 年 7 月 21 日）

第 7 条 国家鼓励社会对法律援助活动提供捐助。

第 8 条 国家支持和鼓励社会团体、事业单位等社会组织利用自身资源为经济困难的公民提供法律援助。

● 部门规章及文件

2. **《法律援助志愿者管理办法》**（2021 年 12 月 31 日）

第一章 总　　则

第 1 条 为鼓励和规范社会力量参与法律援助志愿服务，保障法律援助志愿者、志愿服务对象及法律援助机构等招募单位的合法权益，发展法律援助志愿服务事业，根据《中华人民共和国法律援助法》《志愿服务条例》等规定，制定本办法。

第 2 条 本办法适用于由法律援助机构或受其委托的事业单位、社会组织，以及工会、共产主义青年团、妇女联合会、残疾

人联合会等群团组织，组织招募志愿者开展的法律援助志愿服务活动。

本办法不适用于公民自行开展的公益法律服务。

第3条 本办法所称法律援助志愿者，是指根据法律援助机构等单位安排，运用自身专业知识和技能无偿提供法律援助及相关服务的公民。

第4条 开展法律援助志愿服务，应当遵循自愿、无偿、平等、诚信、合法的原则，不得违背社会公德、损害社会公共利益和他人合法权益。

第5条 司法行政、财政、民政、教育、卫生健康（老龄办）、共产主义青年团等部门和单位应当采取措施，鼓励公民提供法律援助志愿服务。

第6条 国务院司法行政部门指导、监督全国的法律援助志愿服务活动。县级以上地方人民政府司法行政部门指导、监督本行政区域的法律援助志愿服务活动。

法律援助机构负责组织实施法律援助志愿服务活动，可以委托事业单位、社会组织招募法律援助志愿者，开展法律援助志愿服务活动。

第二章 服务范围和申请条件

第7条 根据自身专业知识和技能情况，法律援助志愿者可以提供下列服务：

（一）法律咨询、代拟法律文书、刑事辩护与代理、民事案件、行政案件、国家赔偿案件的诉讼代理及非诉讼代理、值班律师法律帮助、劳动争议调解与仲裁代理等法律援助服务；

（二）为受援人提供外语、少数民族语言翻译、心理疏导等相关服务；

（三）为有需要的残疾受援人提供盲文、手语翻译等无障碍服务；

（四）为法律援助经费筹集提供支持，参与法律援助的宣传、培训、理论研究、案件质量评估等工作。

第 8 条　公民申请成为法律援助志愿者，应当年满 18 周岁，具有奉献精神，遵纪守法，热爱法律援助和志愿服务事业。

第 9 条　申请提供刑事辩护与代理和值班律师法律帮助的法律援助志愿者，应当提供律师执业证书。

申请提供心理疏导、翻译服务的法律援助志愿者，一般需提供职业资格证书或学历学位证书。

第 10 条　有下列情形之一的，法律援助机构等招募单位不得审核其成为法律援助志愿者：

（一）无民事行为能力或者限制民事行为能力的；

（二）因故意犯罪受过刑事处罚的；

（三）被吊销律师、公证员执业证书的；

（四）因违法违规被取消法律援助志愿者身份的。

第三章　权利和义务

第 11 条　法律援助志愿者享有以下权利：

（一）根据自己的意愿、时间和技能提供法律援助志愿服务；

（二）获得法律援助志愿服务内容的必要信息、安全教育、技能培训、志愿者服务证及胸章、服务记录证明；

（三）提供服务后按规定领取法律援助补贴中的直接费用；

（四）相关法律、法规、规章赋予的其他权利。

第 12 条　法律援助志愿者应当履行以下义务：

（一）履行志愿服务协议或承诺，提供符合标准的法律援助服务；

（二）保守国家秘密、商业秘密和个人隐私，不得向他人泄露志愿服务中掌握的案件情况；

（三）因故不能参加或完成预先约定的法律援助志愿服务，应当提前告知；

（四）不得以法律援助志愿者名义从事营利性活动，不得向受援人收取财物或接受其他利益；

（五）相关法律、法规规定的其他义务。

第四章 服务管理

第13条 法律援助机构等招募单位，可以根据工作需要制定法律援助志愿者招募计划，发布真实、准确、完整的招募信息，并负责组织做好相关工作。

第14条 申请人申请成为法律援助志愿者，应当按照法律援助机构等招募单位要求，提交法律援助志愿者申请表，提供身份信息、服务技能、服务时间和联系方式等基本信息。

第15条 经法律援助机构等招募单位审核后，申请人可以登录全国性志愿服务平台自行注册信息，也可以通过法律援助机构等招募单位注册。

第16条 法律援助机构等招募单位应当如实记录法律援助志愿者的注册信息、志愿服务情况、评价情况、参加培训和获得表彰奖励等信息，并根据记录的信息出具法律援助志愿服务记录证明。

第17条 法律援助志愿服务时长以小时为单位进行记录，原则上每天记录时长不超过8小时，超出时长的需要单独记录并作出说明。

第18条 司法行政机关可以根据法律援助志愿者的服务时长、服务效果及综合评价等，建立健全法律援助志愿者星级服务评估评选机制。

第19条 法律援助志愿者可以提出退出法律援助志愿者队伍的申请，法律援助机构等招募单位应当在收到其退出申请后的十五个工作日内完成相关工作。

第20条 法律援助志愿者有下列情形之一的，法律援助机构核实后，对造成不良影响的，应当取消或通知招募单位取消其法律援助志愿者身份，并以适当方式告知本人：

（一）以法律援助志愿者名义进行营利性活动，或者收取受援人财物或其他利益的；

（二）同一年度内三次不能完成预先约定的服务，或者因服务质量不合格被受援人投诉三次以上的；

（三）违反相关执业行为规范的；

（四）法律、法规规定的其他情形。

第 21 条 法律援助志愿者在志愿服务中存在违法行为的，司法行政机关应当依法予以处理，并由法律援助机构等招募单位取消其法律援助志愿者身份。

第五章 激 励 保 障

第 22 条 法律援助机构等招募单位应当为法律援助志愿者提供必要的工作条件，组织业务培训，支付法律援助志愿者提供服务过程中实际产生的差旅费、邮电费、印刷费、调查取证费、翻译费、公证费和鉴定费等直接费用。

组织可能发生人身危险或为期一年以上的专项法律援助志愿服务活动的，法律援助机构等招募单位应当与志愿者签订服务协议，为志愿者购买相应的人身意外伤害保险。

法律援助志愿者在提供志愿服务过程中受到人身、财产权益侵害的，法律援助机构等招募单位应当提供必要帮助，依法维护法律援助志愿者的合法权益。

第 23 条 司法行政机关应当根据国家有关规定，协调参与法律援助志愿服务相关部门，建立健全法律援助志愿服务激励机制，开展法律援助志愿服务宣传，提供必要的经费、培训和场所支持，推动法律援助志愿者在就学、公共服务、表彰奖励等方面享有本地区关于志愿者的优惠奖励政策，并按规定落实就业、社会保障政策。

第 24 条 司法行政机关应当与文明办、民政、教育、卫生健康（老龄办）、共产主义青年团等部门和单位建立法律援助志愿服务工作协作、信息共享机制。

司法行政和教育部门应当共同鼓励和支持高等院校师生提供法律援助志愿服务，可以将在校师生参与法律援助志愿服务的情况，作为教师业绩评价的参考，探索将法律援助志愿服务纳入学生实习、实训和实践课程。

鼓励具备条件的地方团委和高等院校招募大学生法律援助志愿者，积极提供法律援助志愿服务。

第 25 条 高等院校、科研机构可以组织从事法学教育、研究工作的人员和法学专业学生作为法律援助志愿者，在司法行政部门指导下，依法为经济困难公民和符合法定条件的其他当事人提供法律咨询、代拟法律文书、案件代理、劳动争议调解与仲裁代理服务。

第 26 条 司法行政机关应当加强与工会、共产主义青年团、妇女联合会、残疾人联合会、老龄协会等沟通协调，建立法律援助志愿服务工作协作机制，共同开展针对困难职工、进城务工人员、未成年人、妇女、残疾人、老年人等特定群体的专项法律援助志愿服务活动。

事业单位、社会组织受法律援助机构委托招募法律援助志愿者，或者工会、共产主义青年团、妇女联合会、残疾人联合会等群团组织自行组织招募的，应当接受法律援助机构的业务指导，引导志愿者落实法律援助服务标准，有关工作进行备案登记。

第 27 条 司法行政机关应当与文明办、民政、卫生健康（老龄办）、共产主义青年团等部门和单位加强协作，共享全国性志愿服务平台有关法律援助志愿信息，依托现有志愿服务平台建立法律援助志愿服务信息登录和注册页面，实现法律援助志愿者的网上申请、审核等管理，以及志愿服务信息的查询、下载。

第 28 条 对在法律援助志愿服务中做出突出贡献的个人，由司法行政机关按照法律、法规和国家有关规定予以表彰、奖励。

第六章　附　　则

第 29 条　除本办法外，关于法律援助志愿者的管理，还应当遵守国家和地方精神文明建设指导机构及各级民政部门有关志愿服务的相关规定。

第 30 条　法律援助志愿者通过志愿服务项目提供法律援助服务的，按照本办法相关规定和项目协议执行。接受服务地法律援助机构指派办理案件的，与当地法律援助人员领取同等的法律援助补贴。

第 31 条　本办法所称招募单位，包括法律援助机构，受法律援助机构委托开展法律援助志愿服务活动的事业单位、社会组织，以及工会、共产主义青年团、妇女联合会、残疾人联合会等群团组织。

第 32 条　本办法的解释权属于国务院司法行政部门。

第 33 条　本办法自发布之日起施行。

第十条　法律援助宣传教育

司法行政部门应当开展经常性的法律援助宣传教育，普及法律援助知识。

新闻媒体应当积极开展法律援助公益宣传，并加强舆论监督。

第十一条　突出贡献的表彰奖励

国家对在法律援助工作中做出突出贡献的组织和个人，按照有关规定给予表彰、奖励。

● 行政法规及文件

1. 《法律援助条例》（2003 年 7 月 21 日）

第 5 条　直辖市、设区的市或者县级人民政府司法行政部门根据需要确定本行政区域的法律援助机构。

法律援助机构负责受理、审查法律援助申请，指派或者安排人员为符合本条例规定的公民提供法律援助。

第 24 条 受指派办理法律援助案件的律师或者接受安排办理法律援助案件的社会组织人员在案件结案时，应当向法律援助机构提交有关的法律文书副本或者复印件以及结案报告等材料。

法律援助机构收到前款规定的结案材料后，应当向受指派办理法律援助案件的律师或者接受安排办理法律援助案件的社会组织人员支付法律援助办案补贴。

法律援助办案补贴的标准由省、自治区、直辖市人民政府司法行政部门会同同级财政部门，根据当地经济发展水平，参考法律援助机构办理各类法律援助案件的平均成本等因素核定，并可以根据需要调整。

● 部门规章及文件

2. **《办理法律援助案件程序规定》**（2012 年 4 月 9 日）

第 20 条 对于民事、行政法律援助案件，法律援助机构应当自作出给予法律援助决定之日起 7 个工作日内指派律师事务所、基层法律服务所、其他社会组织安排其所属人员承办，或者安排本机构的工作人员承办。

对于刑事法律援助案件，法律援助机构应当自作出给予法律援助决定或者收到指定辩护通知书之日起 3 个工作日内指派律师事务所安排律师承办，或者安排本机构的法律援助律师承办。

第 21 条 法律援助机构应当根据本机构、律师事务所、基层法律服务所、其他社会组织的人员数量、资质、专业特长、承办法律援助案件的情况、受援人意愿等因素合理指派或者安排承办机构、人员。

法律援助机构、律师事务所应当指派或者安排具有一定年限刑事辩护执业经历的律师担任死刑案件的辩护人。

第22条 法律援助机构、律师事务所、基层法律服务所或者其他社会组织应当自指派或者安排法律援助人员之日起5个工作日内将法律援助人员姓名和联系方式告知受援人，并与受援人或者其法定代理人、近亲属签订委托代理协议，但因受援人的原因无法按时签订的除外。

● 司法解释及文件

3.《最高人民法院关于适用〈中华人民共和国刑事诉讼法〉的解释》（2021年1月26日）

第44条 被告人没有委托辩护人的，人民法院自受理案件之日起三日以内，应当告知其有权委托辩护人；被告人因经济困难或者其他原因没有委托辩护人的，应当告知其可以申请法律援助；被告人属于应当提供法律援助情形的，应当告知其将依法通知法律援助机构指派律师为其提供辩护。

被告人没有委托辩护人，法律援助机构也没有指派律师为其提供辩护的，人民法院应当告知被告人有权约见值班律师，并为被告人约见值班律师提供便利。

告知可以采取口头或者书面方式。

第二章 机构和人员

第十二条 法律援助机构设立及职能

县级以上人民政府司法行政部门应当设立法律援助机构。法律援助机构负责组织实施法律援助工作，受理、审查法律援助申请，指派律师、基层法律服务工作者、法律援助志愿者等法律援助人员提供法律援助，支付法律援助补贴。

● 行政法规及文件

1. **《法律援助条例》**（2003 年 7 月 21 日）

第 4 条 国务院司法行政部门监督管理全国的法律援助工作。县级以上地方各级人民政府司法行政部门监督管理本行政区域的法律援助工作。

中华全国律师协会和地方律师协会应当按照律师协会章程对依据本条例实施的法律援助工作予以协助。

第 19 条 申请人对法律援助机构作出的不符合法律援助条件的通知有异议的，可以向确定该法律援助机构的司法行政部门提出，司法行政部门应当在收到异议之日起 5 个工作日内进行审查，经审查认为申请人符合法律援助条件的，应当以书面形式责令法律援助机构及时对该申请人提供法律援助。

● 部门规章及文件

2. **《关于刑事诉讼法律援助工作的规定》**（2013 年 2 月 4 日）

第 15 条 对于依申请提供法律援助的案件，犯罪嫌疑人、被告人坚持自己辩护，拒绝法律援助机构指派的律师为其辩护的，法律援助机构应当准许，并作出终止法律援助的决定；对于有正当理由要求更换律师的，法律援助机构应当另行指派律师为其提供辩护。

对于应当通知辩护的案件，犯罪嫌疑人、被告人拒绝法律援助机构指派的律师为其辩护的，公安机关、人民检察院、人民法院应当查明拒绝的原因，有正当理由的，应当准许，同时告知犯罪嫌疑人、被告人需另行委托辩护人。犯罪嫌疑人、被告人未另行委托辩护人的，公安机关、人民检察院、人民法院应当及时通知法律援助机构另行指派律师为其提供辩护。

第十三条 法律援助受理和法律援助工作站或者联络点设立

法律援助机构根据工作需要，可以安排本机构具有律师资格或者法律职业资格的工作人员提供法律援助；可以设置法律援助工作站或者联络点，就近受理法律援助申请。

法　律

1.《刑事诉讼法》（2018 年 10 月 26 日）

第 304 条　人民法院受理强制医疗的申请后，应当组成合议庭进行审理。

人民法院审理强制医疗案件，应当通知被申请人或者被告人的法定代理人到场。被申请人或者被告人没有委托诉讼代理人的，人民法院应当通知法律援助机构指派律师为其提供法律帮助。

行政法规及文件

2.《法律援助条例》（2003 年 7 月 21 日）

第 5 条　直辖市、设区的市或者县级人民政府司法行政部门根据需要确定本行政区域的法律援助机构。

法律援助机构负责受理、审查法律援助申请，指派或者安排人员为符合本条例规定的公民提供法律援助。

第 17 条　公民申请代理、刑事辩护的法律援助应当提交下列证件、证明材料：

（一）身份证或者其他有效的身份证明，代理申请人还应当提交有代理权的证明；

（二）经济困难的证明；

（三）与所申请法律援助事项有关的案件材料。

申请应当采用书面形式，填写申请表；以书面形式提出申请确有困难的，可以口头申请，由法律援助机构工作人员或者代为转交申请的有关机构工作人员作书面记录。

第24条　受指派办理法律援助案件的律师或者接受安排办理法律援助案件的社会组织人员在案件结案时，应当向法律援助机构提交有关的法律文书副本或者复印件以及结案报告等材料。

法律援助机构收到前款规定的结案材料后，应当向受指派办理法律援助案件的律师或者接受安排办理法律援助案件的社会组织人员支付法律援助办案补贴。

法律援助办案补贴的标准由省、自治区、直辖市人民政府司法行政部门会同同级财政部门，根据当地经济发展水平，参考法律援助机构办理各类法律援助案件的平均成本等因素核定，并可以根据需要调整。

● 部门规章及文件

3.《办理法律援助案件程序规定》（2012年4月9日）

第18条　申请事项符合《法律援助条例》第十条、第十一条规定，且具有下列情形之一的，法律援助机构可以决定先行提供法律援助：

（一）距法定时效届满不足7日，需要及时提起诉讼或者申请仲裁、行政复议的；

（二）需要立即申请财产保全、证据保全或者先予执行的；

（三）其他紧急或者特殊情况。

先行提供法律援助的，受援人应当在法律援助机构确定的期限内补交规定的申请材料。法律援助机构经审查认为受援人不符合经济困难标准的，应当终止法律援助，并按照本规定第三十三条第二款的规定办理。

第21条　法律援助机构应当根据本机构、律师事务所、基层法律服务所、其他社会组织的人员数量、资质、专业特长、承办法律援助案件的情况、受援人意愿等因素合理指派或者安排承办机构、人员。

法律援助机构、律师事务所应当指派或者安排具有一定年限刑事辩护执业经历的律师担任死刑案件的辩护人。

● 司法解释及文件

4.《最高人民法院关于适用〈中华人民共和国刑事诉讼法〉的解释》（2021 年 1 月 26 日）

第 485 条 外国籍被告人委托律师辩护，或者外国籍附带民事诉讼原告人、自诉人委托律师代理诉讼的，应当委托具有中华人民共和国律师资格并依法取得执业证书的律师。

外国籍被告人在押的，其监护人、近亲属或者其国籍国驻华使领馆可以代为委托辩护人。其监护人、近亲属代为委托的，应当提供与被告人关系的有效证明。

外国籍当事人委托其监护人、近亲属担任辩护人、诉讼代理人的，被委托人应当提供与当事人关系的有效证明。经审查，符合刑事诉讼法、有关司法解释规定的，人民法院应当准许。

外国籍被告人没有委托辩护人的，人民法院可以通知法律援助机构为其指派律师提供辩护。被告人拒绝辩护人辩护的，应当由其出具书面声明，或者将其口头声明记录在案；必要时，应当录音录像。被告人属于应当提供法律援助情形的，依照本解释第五十条规定处理。

第十四条 派驻值班律师

法律援助机构可以在人民法院、人民检察院和看守所等场所派驻值班律师，依法为没有辩护人的犯罪嫌疑人、被告人提供法律援助。

● 法 律

1.《刑事诉讼法》（2018 年 10 月 26 日）

第 35 条 犯罪嫌疑人、被告人因经济困难或者其他原因没有委托辩护人的，本人及其近亲属可以向法律援助机构提出申请。对符合法律援助条件的，法律援助机构应当指派律师为其提供辩护。

犯罪嫌疑人、被告人是盲、聋、哑人，或者是尚未完全丧失辨认或者控制自己行为能力的精神病人，没有委托辩护人的，人民法院、人民检察院和公安机关应当通知法律援助机构指派律师为其提供辩护。

犯罪嫌疑人、被告人可能被判处无期徒刑、死刑，没有委托辩护人的，人民法院、人民检察院和公安机关应当通知法律援助机构指派律师为其提供辩护。

第 36 条　法律援助机构可以在人民法院、看守所等场所派驻值班律师。犯罪嫌疑人、被告人没有委托辩护人，法律援助机构没有指派律师为其提供辩护的，由值班律师为犯罪嫌疑人、被告人提供法律咨询、程序选择建议、申请变更强制措施、对案件处理提出意见等法律帮助。

人民法院、人民检察院、看守所应当告知犯罪嫌疑人、被告人有权约见值班律师，并为犯罪嫌疑人、被告人约见值班律师提供便利。

第 39 条　辩护律师可以同在押的犯罪嫌疑人、被告人会见和通信。其他辩护人经人民法院、人民检察院许可，也可以同在押的犯罪嫌疑人、被告人会见和通信。

辩护律师持律师执业证书、律师事务所证明和委托书或者法律援助公函要求会见在押的犯罪嫌疑人、被告人的，看守所应当及时安排会见，至迟不得超过四十八小时。

危害国家安全犯罪、恐怖活动犯罪案件，在侦查期间辩护律师会见在押的犯罪嫌疑人，应当经侦查机关许可。上述案件，侦查机关应当事先通知看守所。

辩护律师会见在押的犯罪嫌疑人、被告人，可以了解案件有关情况，提供法律咨询等；自案件移送审查起诉之日起，可以向犯罪嫌疑人、被告人核实有关证据。辩护律师会见犯罪嫌疑人、被告人时不被监听。

辩护律师同被监视居住的犯罪嫌疑人、被告人会见、通信，适用第一款、第三款、第四款的规定。

第278条 未成年犯罪嫌疑人、被告人没有委托辩护人的，人民法院、人民检察院、公安机关应当通知法律援助机构指派律师为其提供辩护。

● 部门规章及文件

2.《公安机关办理刑事案件程序规定》（2020年7月20日）

第49条 犯罪嫌疑人、被告人入所羁押时没有委托辩护人，法律援助机构也没有指派律师提供辩护的，看守所应当告知其有权约见值班律师，获得法律咨询、程序选择建议、申请变更强制措施、对案件处理提出意见等法律帮助，并为犯罪嫌疑人、被告人约见值班律师提供便利。

没有委托辩护人、法律援助机构没有指派律师提供辩护的犯罪嫌疑人、被告人，向看守所申请由值班律师提供法律帮助的，看守所应当在二十四小时内通知值班律师。

● 司法解释及文件

3.《最高人民法院关于适用〈中华人民共和国刑事诉讼法〉的解释》（2021年1月26日）

第44条 被告人没有委托辩护人的，人民法院自受理案件之日起三日以内，应当告知其有权委托辩护人；被告人因经济困难或者其他原因没有委托辩护人的，应当告知其可以申请法律援助；被告人属于应当提供法律援助情形的，应当告知其将依法通知法律援助机构指派律师为其提供辩护。

被告人没有委托辩护人，法律援助机构也没有指派律师为其提供辩护的，人民法院应当告知被告人有权约见值班律师，并为被告人约见值班律师提供便利。

告知可以采取口头或者书面方式。

第十五条　政府采购

司法行政部门可以通过政府采购等方式，择优选择律师事务所等法律服务机构为受援人提供法律援助。

● 法　律

1. 《律师法》（2017 年 9 月 1 日）

第 42 条　律师、律师事务所应当按照国家规定履行法律援助义务，为受援人提供符合标准的法律服务，维护受援人的合法权益。

● 行政法规及文件

2. 《法律援助条例》（2003 年 7 月 21 日）

第 6 条　律师应当依照律师法和本条例的规定履行法律援助义务，为受援人提供符合标准的法律服务，依法维护受援人的合法权益，接受律师协会和司法行政部门的监督。

● 部门规章及文件

3. 《关于刑事诉讼法律援助工作的规定》（2013 年 2 月 4 日）

第 26 条　法律援助机构依法对律师事务所、律师开展法律援助活动进行指导监督，确保办案质量。

司法行政机关和律师协会根据律师事务所、律师履行法律援助义务情况实施奖励和惩戒。

公安机关、人民检察院、人民法院在案件办理过程中发现律师有违法或者违反职业道德和执业纪律行为，损害受援人利益的，应当及时向法律援助机构通报有关情况。

4. **《律师执业管理办法》**（2016 年 9 月 18 日）

第 45 条 律师应当按照国家规定履行法律援助义务，为受援人提供符合标准的法律服务，维护受援人的合法权益，不得拖延、懈怠履行或者擅自停止履行法律援助职责，或者未经律师事务所、法律援助机构同意，擅自将法律援助案件转交其他人员办理。

5. **《办理法律援助案件程序规定》**（2012 年 4 月 9 日）

第 22 条 法律援助机构、律师事务所、基层法律服务所或者其他社会组织应当自指派或者安排法律援助人员之日起 5 个工作日内将法律援助人员姓名和联系方式告知受援人，并与受援人或者其法定代理人、近亲属签订委托代理协议，但因受援人的原因无法按时签订的除外。

第十六条 法律援助义务主体

律师事务所、基层法律服务所、律师、基层法律服务工作者负有依法提供法律援助的义务。

律师事务所、基层法律服务所应当支持和保障本所律师、基层法律服务工作者履行法律援助义务。

部门规章及文件

1. **《基层法律服务所管理办法》**（2017 年 12 月 25 日）

第 36 条 基层法律服务所有下列行为之一的，由所在地县级司法行政机关或者直辖市的区（县）司法行政机关予以警告；有违法所得的，依照法律、法规的规定没收违法所得，并由设区的市级或者直辖市的区（县）司法行政机关处以违法所得三倍以下的罚款，罚款数额最高为三万元：

（一）超越业务范围和诉讼代理执业区域的；

（二）违反规定不以基层法律服务所名义统一接受委托、统一收取服务费，不向委托人出具有效收费凭证的；

（三）冒用律师事务所名义执业的；

（四）以贬损他人、抬高自己、虚假承诺或者支付介绍费等不正当手段争揽业务的；

（五）伪造、涂改、抵押、出租、出借本所执业证的；

（六）违反规定变更本所名称、法定代表人或者负责人、合伙人、住所和章程的；

（七）不按规定接受年度考核，或者在年度考核中弄虚作假的；

（八）违反财务管理规定，私分、挪用或者以其他方式非法处置本所资产的；

（九）聘用未获准基层法律服务工作者执业的人员以基层法律服务工作者名义承办业务的；

（十）放纵、包庇本所基层法律服务工作者的违法违纪行为的；

（十一）内部管理混乱，无法正常开展业务的；

（十二）法律、法规、规章规定应予处罚的其他行为。

2. **《律师事务所管理办法》**（2018 年 12 月 5 日）

第 48 条 律师事务所应当依法履行法律援助义务，及时安排本所律师承办法律援助案件，为办理法律援助案件提供条件和便利，无正当理由不得拒绝接受法律援助机构指派的法律援助案件。

3. **《办理法律援助案件程序规定》**（2012 年 4 月 9 日）

第 21 条 法律援助机构应当根据本机构、律师事务所、基层法律服务所、其他社会组织的人员数量、资质、专业特长、承办法律援助案件的情况、受援人意愿等因素合理指派或者安排承办机构、人员。

法律援助机构、律师事务所应当指派或者安排具有一定年限刑事辩护执业经历的律师担任死刑案件的辩护人。

第22条 法律援助机构、律师事务所、基层法律服务所或者其他社会组织应当自指派或者安排法律援助人员之日起5个工作日内将法律援助人员姓名和联系方式告知受援人，并与受援人或者其法定代理人、近亲属签订委托代理协议，但因受援人的原因无法按时签订的除外。

第37条 法律援助机构、律师事务所、基层法律服务所和法律援助人员从事法律援助活动违反本规定的，依照《中华人民共和国律师法》、《法律援助条例》、《律师和律师事务所违法行为处罚办法》等法律、法规和规章的规定追究法律责任。

● 司法解释及文件

4.《最高人民法院关于适用〈中华人民共和国民事诉讼法〉的解释》（2022年4月1日）

第88条 诉讼代理人除根据民事诉讼法第六十二条规定提交授权委托书外，还应当按照下列规定向人民法院提交相关材料：

（一）律师应当提交律师执业证、律师事务所证明材料；

（二）基层法律服务工作者应当提交法律服务工作者执业证、基层法律服务所出具的介绍信以及当事人一方位于本辖区内的证明材料；

（三）当事人的近亲属应当提交身份证件和与委托人有近亲属关系的证明材料；

（四）当事人的工作人员应当提交身份证件和与当事人有合法劳动人事关系的证明材料；

（五）当事人所在社区、单位推荐的公民应当提交身份证件、推荐材料和当事人属于该社区、单位的证明材料；

（六）有关社会团体推荐的公民应当提交身份证件和符合本

解释第八十七条规定条件的证明材料。

第十七条 法律援助志愿服务

国家鼓励和规范法律援助志愿服务；支持符合条件的个人作为法律援助志愿者，依法提供法律援助。

高等院校、科研机构可以组织从事法学教育、研究工作的人员和法学专业学生作为法律援助志愿者，在司法行政部门指导下，为当事人提供法律咨询、代拟法律文书等法律援助。

法律援助志愿者具体管理办法由国务院有关部门规定。

● 行政法规及文件

《志愿服务条例》（2017 年 8 月 22 日）

第 23 条 国家鼓励和支持国家机关、企业事业单位、人民团体、社会组织等成立志愿服务队伍开展专业志愿服务活动，鼓励和支持具备专业知识、技能的志愿者提供专业志愿服务。

国家鼓励和支持公共服务机构招募志愿者提供志愿服务。

第 32 条 对在志愿服务事业发展中做出突出贡献的志愿者、志愿服务组织，由县级以上人民政府或者有关部门按照法律、法规和国家有关规定予以表彰、奖励。

国家鼓励企业和其他组织在同等条件下优先招用有良好志愿服务记录的志愿者。公务员考录、事业单位招聘可以将志愿服务情况纳入考察内容。

第十八条 法律服务资源依法跨区域流动机制

国家建立健全法律服务资源依法跨区域流动机制，鼓励和支持律师事务所、律师、法律援助志愿者等在法律服务资源相对短缺地区提供法律援助。

● 法　律

《律师法》（2017 年 9 月 1 日）

第 42 条　律师、律师事务所应当按照国家规定履行法律援助义务，为受援人提供符合标准的法律服务，维护受援人的合法权益。

第十九条　法律援助人员的职责

法律援助人员应当依法履行职责，及时为受援人提供符合标准的法律援助服务，维护受援人的合法权益。

● 法　律

1. 《律师法》（2017 年 9 月 1 日）

第 42 条　律师、律师事务所应当按照国家规定履行法律援助义务，为受援人提供符合标准的法律服务，维护受援人的合法权益。

● 行政法规及文件

2. 《法律援助条例》（2003 年 7 月 21 日）

第 6 条　律师应当依照律师法和本条例的规定履行法律援助义务，为受援人提供符合标准的法律服务，依法维护受援人的合法权益，接受律师协会和司法行政部门的监督。

● 部门规章及文件

3. 《律师执业管理办法》（2016 年 9 月 18 日）

第 45 条　律师应当按照国家规定履行法律援助义务，为受援人提供符合标准的法律服务，维护受援人的合法权益，不得拖延、懈怠履行或者擅自停止履行法律援助职责，或者未经律师事务所、法律援助机构同意，擅自将法律援助案件转交其他人员办理。

4.《办理法律援助案件程序规定》（2012 年 4 月 9 日）

第 23 条　法律援助人员应当在受委托的权限内，通过和解、调解、申请仲裁和提起诉讼等方式依法最大限度维护受援人合法权益。

法律援助人员代理受援人以和解或者调解方式解决纠纷的，应当征得受援人同意。

● 案例指引

1. 内蒙古自治区鄂尔多斯市东胜区法律援助中心对万某工伤赔偿纠纷提供法律援助案（2021 年司法部发布 12 起法援惠民生典型案例之一）①

【基本案情】

万某是在某公共交通集团有限公司担任驾驶员的外来务工人员。2018 年 9 月，万某上班期间在公司驻站加油站加油时，发现车辆底部漏油，在清理完漏油部分起身时不慎摔倒，致使其受伤。经医院诊治，万某被确诊为脑损伤引发脑出血，被认定为工伤，劳动能力鉴定为八级伤残，属于部分丧失劳动能力。万某就伤残补助金等赔偿问题多次找公司协商未果，于 2020 年 5 月 13 日来到内蒙古自治区鄂尔多斯市东胜区法律援助中心寻求帮助。东胜区法律援助中心审核万某提交的材料后，认为其符合法律援助条件，指派律师刘艳办理该案。

法律援助承办律师接受指派后，向万某了解案件详细情况。为早日解决赔偿事宜，律师主动与公司相关负责人联系并进行多次协商，指出除工伤保险赔偿金外，公司依照法律规定还应支付其一次性用餐补助金差额，一次性就业补助金，停工留薪期工资，工伤保险未报销的医疗费用，治疗期间的误工费、护理费、伙食费、交通费及解除劳动关系的经济补偿金等，希望公司能够从人性化的角度

---

①《司法部发布 12 起法援惠民生典型案例（一）》，载司法部网站，http：//www. moj. gov. cn/pub/sfbgw/jgsz/jgszzsdw/zsdwflyzzx/flyzzxgzdt/202104/t20210416_ 356252. html，2021 年 10 月 2 日访问。

和依法办事的原则出发，不要逃避责任，给予万某应得的赔偿。至此，双方态度有所缓解，但仍因赔偿数额差距较大不能达成一致意见。律师认为仅靠调解方式不易解决纠纷，建议万某申请劳动仲裁。在承办律师的帮助下，万某向劳动争议仲裁机构提出了申请。劳动仲裁委受理案件后，公司开始主动寻求调解。最终，在法律援助承办律师和仲裁员共同努力下，顺利化解了纠纷，以公司给付万某赔偿金 16 万元达成和解协议，由劳动仲裁委出具调解书结案。

【案件点评】

本案是一起典型的农民工请求工伤赔偿纠纷。本案法律援助承办律师通过运用调解、劳动仲裁方式，推动矛盾纠纷就地就近化解，降低了当事人的维权成本，促使受援人获得足额赔偿金，有效维护了受援人的合法权益。

2. 江苏省昆山市法律援助中心对赵某某送餐受伤纠纷提供法律援助案（2021 年司法部发布 12 起法援惠民生典型案例之四）①

【基本案情】

赵某某于 2020 年 1 月 20 日应聘做“外卖骑手”，约定按单计酬、每单 6 元。1 月 25 日，赵某某在下班途中接到外卖站点让其加班送餐的电话。赵某某在送餐途中，不慎撞到非机动车护栏倒地受伤，自行前往医院就诊。赵某某是孤儿，无钱住院治疗，被迫选择在家养伤。一个多月后，赵某某强行拆掉绷带到外卖站点上班。

赵某某是农民工，到江苏省昆山市法律援助中心咨询并申请法律援助。昆山市法律援助中心认为其情况符合法律援助条件，决定为其提供法律援助，并指派律师承办此案。承办律师接案后，注意到赵某某没有在受伤后第一时间报警，因刚入职没有受伤前的工资流水记录，也没有书面劳动合同和社会保险交纳记录。承办律师通过深入调查取

---

① 《司法部发布 12 起法援惠民生典型案例（一）》，载司法部网站，http：//www. moj. gov. cn/pub/sfbgw/jgsz/jgszzsdw/zsdwflyzzx/flyzzxgzdt/202104/t20210416_ 356252. html，2021 年 9 月 3 日访问。

证发现，赵某某有受伤后上班时外卖站点通过第三方公司发放的工资流水，以及就受伤事故跟外卖站点沟通的录音等。结合以上证据，承办律师准备先确认劳动关系，再进行工伤认定和工伤理赔。

在仲裁阶段，承办律师就劳动关系确认多次与仲裁员沟通：赵某某是外卖站点的专职人员，站点对其有上下线的时间要求，说明其需要服从站点管理；赵某某的工资虽不设底薪，根据接单数量进行结算，但是由站点统一确认结算，应当认定其与外卖站点存在劳动关系。同时，承办律师积极与用工单位沟通，陈述赵某某生活窘迫的实际境况，希望公司能够依法给予申报工伤，尽快进行工伤赔偿。

最终，双方达成调解协议：公司与赵某某终止劳动关系，由外卖站点在三日内结算赵某某剩余工资，帮助其缓解生活困境，站点同时配合申报工伤，并在鉴定后两个月内给予工伤赔偿。

【案件点评】

这是一起法律援助维护农民工权益的典型案例。本案中，法律援助承办律师从认定劳动关系的“三要素”着手，结合证据材料，帮助受援人成功确定与外卖站点之间的劳动关系，并积极促成双方达成调解协议，对今后处理同类案例具有参考意义。

3. 浙江省衢州市开化县法律援助中心对未成年人汪某抚养费纠纷提供法律援助案（2021年司法部发布12起法援惠民生典型案例之五）①

【基本案情】

未成年人汪某是汪某东与李某婚生子女。2014年，汪某东与李某协议离婚，约定汪某跟随汪某东生活，李某每月承担汪某的生活费1000元，学费、医药费由汪某东和李某平摊。2017年10月1日，汪某东因涉嫌犯罪被刑事拘留，后被判处死刑，缓期二年执行。汪

---

① 《司法部发布12起法援惠民生典型案例（二）》，载司法部网站，http：//www.moj.gov. cn/pub/sfbgw/jgsz/jgszzsdw/zsdwflyzzx/flyzzxgzdt/202103/t20210304_ 356254.html，2021年9月4日访问。

某东在监狱服刑期间，汪某跟随其祖父母生活。2020 年 2 月 10 日，汪某的祖父去世，其跟随祖母生活。2020 年 5 月，汪某的祖母携汪某来到浙江省衢州市开化县法律援助中心寻求帮助，称其年迈体弱，又是低保家庭，无力承担汪某的抚养费用，可汪某的生母李某与汪某东离婚后，仅支付了三个月的抚养费。

开化县法律援助中心认为汪某的情况符合法律援助条件，受理了其法律援助申请，指派浙江光彩律师事务所律师康海锋承办此案。法律援助承办律师及时向汪某及其祖母了解情况，前往监狱会见了汪某东，并致电李某。因李某不愿意直接抚养汪某，汪某东及汪某本人也不愿意变更抚养关系，因此承办律师帮助汪某向法院提起抚养费纠纷诉讼，向李某主张抚养费，并申请了先予执行申请书。

法院支持了汪某的先予执行申请和诉请。判决生效后，汪某拿到了李某拖欠 8 年未支付的抚养费 5.67 万元，并约定此后李某向汪某每月按时支付抚养费 1000 元。拿到这笔钱，汪某重燃起对未来生活的希望。

【案件点评】

本案中，法律援助承办律师从未成年人利益最大化的原则出发，充分尊重未成年人及其双方监护人的意见，通过及时、高效的诉讼，有效维护了受援人的合法权益，充分体现了法律援助的价值作用。

4. 安徽省安庆市宜秀区法律援助中心对胡某某机动车交通事故纠纷提供法律援助案（2021 年司法部发布 12 起法援惠民生典型案例之六）①

【基本案情】

胡某某系安徽省安庆市宜秀区农民工，以为他人装货下货维持生计，妻子与唯一的女儿均是二级精神残疾人，系该村重点扶贫对

① 《司法部发布 12 起法援惠民生典型案例（二）》，载司法部网站，http://www.moj.gov.cn/pub/sfbgw/jgsz/jgszzsdw/zsdwflyzzx/flyzzxgzdt/202103/t20210304_356254.html，2021 年 9 月 4 日访问。

象。2020 年 6 月的一天，胡某某骑摩托车上工途中与一辆小型客车碰撞受伤，经医生诊断为左踝骨折。因家境困难，胡某某坚持门诊治疗，前后花费了医药费 5400 元，肇事者却拒绝赔偿。

9 月 18 日，宜秀区大桥街道某村帮扶责任人到贫困户家中进行入户走访，当走访到胡某某家中，发放法律援助便民联系卡、宣传法律援助相关政策时，胡某某向帮扶责任人介绍了自身情况。该责任人当即建议胡某某到宜秀区法律援助中心申请法律援助，通过法律途径维护自身合法权益。

9 月 21 日，宜秀区法律援助中心接到胡某某申请后，立即为其开通“绿色通道”，并指派安徽振风律师事务所律师承办该案。承办律师接到指派后，考虑到胡某某走动不方便，便赶到法援中心与胡某某见面，了解案件相关情况。随后，律师为胡某某准备好相关证据材料、列出具体的民事赔偿项目清单，并起草了相关诉讼法律文书。

立案时，承办律师考虑到胡某某家境困难，为了尽快解决该起交通事故纠纷，让胡某某早日拿到赔偿款，经与胡某某沟通决定选择诉前调解程序，并将案件起诉材料交到法院。

立案后，在法官主持下，承办律师与肇事车辆所在的保险公司联系，就胡某某赔付问题进行多次协商。最终，在法院法官和承办律师的共同努力下，肇事车辆所在的保险公司同意调解，并给出了公平合理的赔偿方案，即赔付胡某某因交通事故造成的损失共计 28208 元。2020 年 10 月 22 日，双方在法院签订了调解协议。10 月 27 日，胡某某收到了保险公司转账的赔偿款，案件圆满结案。

【案件点评】

在“法援惠民生 扶贫奔小康”品牌活动中，安徽省安庆市宜秀区推出一系列有效举措，其中一项便是与区扶贫办及乡镇（街道）扶贫办进行对接，要求每位帮扶责任人在对建档立卡贫困户进行定期走访时，主动引导有法律需求的贫困户申请法律援助，实现应援尽援。本案便是帮扶责任人在走访中引导当事人选择用法律维权的成功案例，充分彰显了法律援助为民服务理念。

第二十条 法律援助人员职业道德和执业纪律

法律援助人员应当恪守职业道德和执业纪律，不得向受援人收取任何财物。

● 法 律

1. **《律师法》**（2017 年 9 月 1 日）

第 3 条 律师执业必须遵守宪法和法律，恪守律师职业道德和执业纪律。

律师执业必须以事实为根据，以法律为准绳。

律师执业应当接受国家、社会和当事人的监督。

律师依法执业受法律保护，任何组织和个人不得侵害律师的合法权益。

● 行政法规及文件

2. **《法律援助条例》**（2003 年 7 月 21 日）

第 22 条 办理法律援助案件的人员，应当遵守职业道德和执业纪律，提供法律援助不得收取任何财物。

● 部门规章及文件

3. **《关于刑事诉讼法律援助工作的规定》**（2013 年 2 月 4 日）

第 25 条 律师应当遵守有关法律法规和法律援助业务规程，做好会见、阅卷、调查取证、解答咨询、参加庭审等工作，依法为受援人提供法律服务。

律师事务所应当对律师办理法律援助案件进行业务指导，督促律师在办案过程中尽职尽责，恪守职业道德和执业纪律。

第二十一条 保密义务

法律援助机构、法律援助人员对提供法律援助过程中知悉的国家秘密、商业秘密和个人隐私应当予以保密。

部门规章及文件

1. 《公安机关办理刑事案件程序规定》（2020 年 7 月 20 日）

第 270 条 侦查人员对采取技术侦查措施过程中知悉的国家秘密、商业秘密和个人隐私，应当保密。

公安机关依法采取技术侦查措施，有关单位和个人应当配合，并对有关情况予以保密。

2. 《律师执业管理办法》（2016 年 9 月 18 日）

第 43 条 律师应当保守在执业活动中知悉的国家秘密、商业秘密，不得泄露当事人和其他人的个人隐私。

律师对在执业活动中知悉的委托人和其他人不愿泄露的有关情况和信息，应当予以保密。但是，委托人或者其他人准备或者正在实施危害国家安全、公共安全以及严重危害他人人身安全的犯罪事实和信息除外。

第三章 形式和范围

第二十二条 法律援助服务形式

法律援助机构可以组织法律援助人员依法提供下列形式的法律援助服务：

（一）法律咨询；

（二）代拟法律文书；

（三）刑事辩护与代理；

（四）民事案件、行政案件、国家赔偿案件的诉讼代理及非诉讼代理；

（五）值班律师法律帮助；

（六）劳动争议调解与仲裁代理；

（七）法律、法规、规章规定的其他形式。

● 法 律

1. **《律师法》**（2017年9月1日）

第28条 律师可以从事下列业务：

（一）接受自然人、法人或者其他组织的委托，担任法律顾问；

（二）接受民事案件、行政案件当事人的委托，担任代理人，参加诉讼；

（三）接受刑事案件犯罪嫌疑人、被告人的委托或者依法接受法律援助机构的指派，担任辩护人，接受自诉案件自诉人、公诉案件被害人或者其近亲属的委托，担任代理人，参加诉讼；

（四）接受委托，代理各类诉讼案件的申诉；

（五）接受委托，参加调解、仲裁活动；

（六）接受委托，提供非诉讼法律服务；

（七）解答有关法律的询问、代写诉讼文书和有关法律事务的其他文书。

2. **《刑事诉讼法》**（2018年10月26日）

第36条 法律援助机构可以在人民法院、看守所等场所派驻值班律师。犯罪嫌疑人、被告人没有委托辩护人，法律援助机构没有指派律师为其提供辩护的，由值班律师为犯罪嫌疑人、被告人提供法律咨询、程序选择建议、申请变更强制措施、对案件处理提出意见等法律帮助。

人民法院、人民检察院、看守所应当告知犯罪嫌疑人、被告人有权约见值班律师，并为犯罪嫌疑人、被告人约见值班律师提供便利。

● 部门规章及文件

3. **《律师执业管理办法》**（2016年9月18日）

第25条 律师可以从事下列业务：

（一）接受自然人、法人或者其他组织的委托，担任法律顾问；

（二）接受民事案件、行政案件当事人的委托，担任代理人，参加诉讼；

（三）接受刑事案件犯罪嫌疑人、被告人的委托或者依法接受法律援助机构的指派，担任辩护人，接受自诉案件自诉人、公诉案件被害人或者其近亲属的委托，担任代理人，参加诉讼；

（四）接受委托，代理各类诉讼案件的申诉；

（五）接受委托，参加调解、仲裁活动；

（六）接受委托，提供非诉讼法律服务；

（七）解答有关法律的询问、代写诉讼文书和有关法律事务的其他文书。

4.《律师和律师事务所违法行为处罚办法》（2010 年 4 月 8 日）

第 7 条 有下列情形之一的，属于《律师法》第四十七条第三项规定的律师“在同一案件中为双方当事人担任代理人，或者代理与本人及其近亲属有利益冲突的法律事务的”违法行为：

（一）在同一民事诉讼、行政诉讼或者非诉讼法律事务中同时为有利益冲突的当事人担任代理人或者提供相关法律服务的；

（二）在同一刑事案件中同时为被告人和被害人担任辩护人、代理人，或者同时为二名以上的犯罪嫌疑人、被告人担任辩护人的；

（三）担任法律顾问期间，为与顾问单位有利益冲突的当事人提供法律服务的；

（四）曾担任法官、检察官的律师，以代理人、辩护人的身份承办原任职法院、检察院办理过的案件的；

（五）曾经担任仲裁员或者仍在担任仲裁员的律师，以代理人身份承办本人原任职或者现任职的仲裁机构办理的案件的。

第二十三条 法律咨询服务提供

法律援助机构应当通过服务窗口、电话、网络等多种方式提供法律咨询服务；提示当事人享有依法申请法律援助的权利，并告知申请法律援助的条件和程序。

● 部门规章及文件

1.《办理法律援助案件程序规定》（2012年4月9日）

第24条 法律援助机构对公民申请的法律咨询服务，应当即时解答；复杂疑难的，可以与申请人预约择时办理。在解答法律咨询过程中，认为申请人可能符合代理或者刑事辩护法律援助条件的，应当告知其可以依法提出申请。

● 司法解释及文件

2.《关于加强国家赔偿法律援助工作的意见》（2014年1月2日）

为切实保障困难群众依法行使国家赔偿请求权，规范和促进人民法院办理国家赔偿案件的法律援助工作，结合法律援助工作实际，就加强国家赔偿法律援助相关工作提出如下意见：

一、提高对国家赔偿法律援助工作重要性的认识

依法为申请国家赔偿的困难群众提供法律援助服务是法律援助工作的重要职能。在人民法院办理的国家赔偿案件中，申请国家赔偿的公民多属弱势群体，身陷经济困难和法律知识缺乏双重困境，亟需获得法律援助。加强国家赔偿法律援助工作，保障困难群众依法行使国家赔偿请求权，是新形势下适应人民群众日益增长的司法需求、加强法律援助服务保障和改善民生工作的重要方面，对于实现社会公平正义、促进社会和谐稳定具有重要意义。各级人民法院和司法行政机关要充分认识加强国家赔偿法律援助工作的重要性，牢固树立群众观点，认真践行群众路线，进一步创新

和完善工作机制，不断提高国家赔偿法律援助工作的能力和水平，努力使困难群众在每一个国家赔偿案件中感受到公平正义。

二、确保符合条件的困难群众及时获得国家赔偿法律援助

人民法院和司法行政机关应当采取多种形式公布国家赔偿法律援助的条件、程序、赔偿请求人的权利义务等，让公众了解国家赔偿法律援助相关知识，引导经济困难的赔偿请求人申请法律援助。人民法院应当在立案时以书面方式告知申请国家赔偿的公民，如果经济困难可以向赔偿义务机关所在地的法律援助机构申请法律援助。法律援助机构要充分发挥基层法律援助工作站点在解答咨询、转交申请等方面的作用，畅通“12348”法律服务热线；有条件的地方可以在人民法院设立法律援助工作站，拓宽法律援助申请渠道，方便公民寻求国家赔偿法律援助。法律援助机构对公民提出的国家赔偿法律援助申请，要依法进行审查，在法定时限内尽可能缩短时间，提高工作效率；对无罪被羁押的公民申请国家赔偿，经人民法院确认其无经济来源的，可以认定赔偿请求人符合经济困难标准；对申请事项具有法定紧急或者特殊情况的，法律援助机构可以先行给予法律援助，事后补办有关手续。

三、加大国家赔偿法律援助工作保障力度

人民法院要为法律援助人员代理国家赔偿法律援助案件提供便利，对于法律援助人员申请人民法院调查取证的，应当依法予以积极支持；对法律援助人员复制相关材料的费用，应当予以免收。人民法院办理国家赔偿案件，要充分听取法律援助人员的意见，并记录在案；人民法院办理国家赔偿案件作出的决定书、判决书和裁定书等法律文书应当载明法律援助机构名称、法律援助人员姓名以及所属单位情况等。司法行政机关要综合采取增强社会认可度、完善激励表彰机制、提高办案补贴标准等方法，调动法律援助人员办理国家赔偿法律援助案件积极性，根据需要与有关机关、单位进行协调，加大对案件办理工作支持力度。人民法

院和法律援助机构要加强工作协调，就确定或更换法律援助人员、变更听取意见时间、终止法律援助等情况及时进行沟通，相互通报案件办理进展情况。人民法院和司法行政机关要建立联席会议制度，定期交流工作开展情况，确保相关工作衔接顺畅。

四、提升国家赔偿法律援助工作质量和效果

法律援助机构要完善案件指派工作，根据国家赔偿案件类型，综合法律援助人员专业特长、赔偿请求人特点和意愿等因素，合理确定承办机构及人员，有条件的地方推行点援制，有效保证办案质量；要引导法律援助人员认真做好会见、阅卷、调查取证、参加庭审或者质证等工作，根据法律法规和有关案情，从维护赔偿请求人利益出发提供符合标准的法律服务，促进解决其合法合理赔偿请求。承办法官和法律援助人员在办案过程中要注重做好解疑释惑工作，帮助赔偿请求人正确理解案件涉及的政策法规，促进赔偿请求人服判息诉。司法行政机关和法律援助机构要加强案件质量管理，根据国家赔偿案件特点完善办案质量监督管理机制，综合运用案件质量评估、案卷检查评比、回访赔偿请求人等方式开展质量监管，重点加强对重大疑难复杂案件办理的跟踪监督，促进提高办案质量。人民法院发现法律援助人员有违法行为或者损害赔偿请求人利益的，要及时向法律援助机构通报有关情况，督促法律援助人员依法依规办理案件。

五、创新国家赔偿法律援助效果延伸机制

人民法院和法律援助机构要建立纠纷调解工作机制，引导法律援助人员选择对赔偿请求人最有利的方式解决纠纷，对于案情简单、事实清楚、争议不大的案件，根据赔偿请求人意愿，尽量采用调解方式处理，努力实现案结事了。要建立矛盾多元化解机制，指导法律援助人员依法妥善处理和化解纠纷，努力解决赔偿请求人的合理诉求，做好无罪被羁押公民的安抚工作，并通过引进社会工作者加入法律援助工作、开通心理热线等方式，加强对赔偿请求人的人文关怀和心理疏导，努力实现法律效果与社会效果的统一。要建立宣传引导机制，加大宣传力度，充分利用报刊、电视、网络等媒体，广泛宣传国家赔偿法律援助工作，及时总结推广工作中涌现出的好经验好做法，为国家赔偿法律援助工作开展营造良好氛围，并对法律援助工作中涌现的先进典型和经验，通过多种形式进行宣传推广，进一步巩固工作成果。

第二十四条 刑事法律援助申请

刑事案件的犯罪嫌疑人、被告人因经济困难或者其他原因没有委托辩护人的，本人及其近亲属可以向法律援助机构申请法律援助。

法　律

1.《刑事诉讼法》（2018年10月26日）

第35条　犯罪嫌疑人、被告人因经济困难或者其他原因没有委托辩护人的，本人及其近亲属可以向法律援助机构提出申请。对符合法律援助条件的，法律援助机构应当指派律师为其提供辩护。

犯罪嫌疑人、被告人是盲、聋、哑人，或者是尚未完全丧失辨认或者控制自己行为能力的精神病人，没有委托辩护人的，人民法院、人民检察院和公安机关应当通知法律援助机构指派律师为其提供辩护。

犯罪嫌疑人、被告人可能被判处无期徒刑、死刑，没有委托辩护人的，人民法院、人民检察院和公安机关应当通知法律援助机构指派律师为其提供辩护。

第293条　人民法院缺席审判案件，被告人有权委托辩护人，被告人的近亲属可以代为委托辩护人。被告人及其近亲属没有委托辩护人的，人民法院应当通知法律援助机构指派律师为其提供辩护。

● 司法解释及文件

2.《最高人民法院关于适用〈中华人民共和国刑事诉讼法〉的解释》（2021 年 1 月 26 日）

第 44 条 被告人没有委托辩护人的，人民法院自受理案件之日起三日以内，应当告知其有权委托辩护人；被告人因经济困难或者其他原因没有委托辩护人的，应当告知其可以申请法律援助；被告人属于应当提供法律援助情形的，应当告知其将依法通知法律援助机构指派律师为其提供辩护。

被告人没有委托辩护人，法律援助机构也没有指派律师为其提供辩护的，人民法院应当告知被告人有权约见值班律师，并为被告人约见值班律师提供便利。

告知可以采取口头或者书面方式。

第二十五条 法律援助机构指派律师担任辩护人的法定情形

刑事案件的犯罪嫌疑人、被告人属于下列人员之一，没有委托辩护人的，人民法院、人民检察院、公安机关应当通知法律援助机构指派律师担任辩护人：

（一）未成年人；

（二）视力、听力、言语残疾人；

（三）不能完全辨认自己行为的成年人；

（四）可能被判处无期徒刑、死刑的人；

（五）申请法律援助的死刑复核案件被告人；

（六）缺席审判案件的被告人；

（七）法律法规规定的其他人员。

其他适用普通程序审理的刑事案件，被告人没有委托辩护人的，人民法院可以通知法律援助机构指派律师担任辩护人。

部门规章及文件

1.《关于刑事诉讼法律援助工作的规定》（2013 年 2 月 4 日）

第 9 条　犯罪嫌疑人、被告人具有下列情形之一没有委托辩护人的，公安机关、人民检察院、人民法院应当自发现该情形之日起 3 日内，通知所在地同级司法行政机关所属法律援助机构指派律师为其提供辩护：

（一）未成年人；

（二）盲、聋、哑人；

（三）尚未完全丧失辨认或者控制自己行为能力的精神病人；

（四）可能被判处无期徒刑、死刑的人。

第 13 条　对于可能被判处无期徒刑、死刑的案件，法律援助机构应当指派具有一定年限刑事辩护执业经历的律师担任辩护人。

对于未成年人案件，应当指派熟悉未成年人身心特点的律师担任辩护人。

第三章

司法解释及文件

2.《最高人民法院关于适用〈中华人民共和国刑事诉讼法〉的解释》（2021 年 1 月 26 日）

第 47 条　对下列没有委托辩护人的被告人，人民法院应当通知法律援助机构指派律师为其提供辩护：

（一）盲、聋、哑人；

（二）尚未完全丧失辨认或者控制自己行为能力的精神病人；

（三）可能被判处无期徒刑、死刑的人。

高级人民法院复核死刑案件，被告人没有委托辩护人的，应当通知法律援助机构指派律师为其提供辩护。

死刑缓期执行期间故意犯罪的案件，适用前两款规定。

3.《人民检察院刑事诉讼规则》（2019 年 12 月 30 日）

第 42 条　人民检察院办理直接受理侦查案件和审查起诉案

件，发现犯罪嫌疑人是盲、聋、哑人或者是尚未完全丧失辨认或者控制自己行为能力的精神病人，或者可能被判处无期徒刑、死刑，没有委托辩护人的，应当自发现之日起三日以内书面通知法律援助机构指派律师为其提供辩护。

第二十六条　重刑刑事案件法律援助

对可能被判处无期徒刑、死刑的人，以及死刑复核案件的被告人，法律援助机构收到人民法院、人民检察院、公安机关通知后，应当指派具有三年以上相关执业经历的律师担任辩护人。

司法解释及文件

《最高人民法院、司法部关于为死刑复核案件被告人依法提供法律援助的规定（试行）》（2021 年 12 月 30 日）

为充分发挥辩护律师在死刑复核程序中的作用，切实保障死刑复核案件被告人的诉讼权利，根据《中华人民共和国刑事诉讼法》《中华人民共和国律师法》《中华人民共和国法律援助法》《最高人民法院关于适用〈中华人民共和国刑事诉讼法〉的解释》等法律及司法解释，制定本规定。

第 1 条　最高人民法院复核死刑案件，被告人申请法律援助的，应当通知司法部法律援助中心指派律师为其提供辩护。

法律援助通知书应当写明被告人姓名、案由、提供法律援助的理由和依据、案件审判庭和联系方式，并附二审或者高级人民法院复核审裁判文书。

第 2 条　高级人民法院在向被告人送达依法作出的死刑裁判文书时，应当书面告知其在最高人民法院复核死刑阶段可以委托辩护律师，也可以申请法律援助；被告人申请法律援助的，应当在十日内提出，法律援助申请书应当随案移送。

第3条　司法部法律援助中心在接到最高人民法院法律援助通知书后，应当采取适当方式指派律师为被告人提供辩护。

第4条　司法部法律援助中心在接到最高人民法院法律援助通知书后，应当在三日内指派具有三年以上刑事辩护执业经历的律师担任被告人的辩护律师，并函告最高人民法院。

司法部法律援助中心出具的法律援助公函应当写明接受指派的辩护律师的姓名、所属律师事务所及联系方式。

第5条　最高人民法院应当告知或者委托高级人民法院告知被告人为其指派的辩护律师的情况。被告人拒绝指派的律师为其辩护的，最高人民法院应当准许。

第6条　被告人在死刑复核期间自行委托辩护律师的，司法部法律援助中心应当作出终止法律援助的决定，并及时函告最高人民法院。

最高人民法院在复核死刑案件过程中发现有前款规定情形的，应当及时函告司法部法律援助中心。司法部法律援助中心应当作出终止法律援助的决定。

第7条　辩护律师应当在接受指派之日起十日内，通过传真或者寄送等方式，将法律援助手续提交最高人民法院。

第8条　辩护律师依法行使辩护权，最高人民法院应当提供便利。

第9条　辩护律师在依法履行辩护职责中遇到困难和问题的，最高人民法院、司法部有关部门应当及时协调解决，切实保障辩护律师依法履行职责。

第10条　辩护律师应当在接受指派之日起一个半月内提交书面辩护意见或者当面反映辩护意见。辩护律师要求当面反映意见的，最高人民法院应当听取辩护律师的意见。

第11条　死刑复核案件裁判文书应当写明辩护律师姓名及所属律师事务所，并表述辩护律师的辩护意见。受委托宣判的人民法院应当在宣判后五日内将最高人民法院生效裁判文书送达辩护律师。

第12条 司法部指导、监督全国死刑复核案件法律援助工作，司法部法律援助中心负责具体组织和实施。

第13条 本规定自2022年1月1日起施行。

第二十七条 犯罪嫌疑人、被告人委托辩护权保障

人民法院、人民检察院、公安机关通知法律援助机构指派律师担任辩护人时，不得限制或者损害犯罪嫌疑人、被告人委托辩护人的权利。

● 法 律

1. **《刑事诉讼法》**（2018年10月26日）

第35条 犯罪嫌疑人、被告人因经济困难或者其他原因没有委托辩护人的，本人及其近亲属可以向法律援助机构提出申请。对符合法律援助条件的，法律援助机构应当指派律师为其提供辩护。

犯罪嫌疑人、被告人是盲、聋、哑人，或者是尚未完全丧失辨认或者控制自己行为能力的精神病人，没有委托辩护人的，人民法院、人民检察院和公安机关应当通知法律援助机构指派律师为其提供辩护。

犯罪嫌疑人、被告人可能被判处无期徒刑、死刑，没有委托辩护人的，人民法院、人民检察院和公安机关应当通知法律援助机构指派律师为其提供辩护。

第278条 未成年犯罪嫌疑人、被告人没有委托辩护人的，人民法院、人民检察院、公安机关应当通知法律援助机构指派律师为其提供辩护。

司法解释及文件

2.《人民检察院刑事诉讼规则》（2019 年 12 月 30 日）

第 57 条 辩护人、诉讼代理人认为公安机关、人民检察院、人民法院及其工作人员具有下列阻碍其依法行使诉讼权利行为之一，向同级或者上一级人民检察院申诉或者控告的，人民检察院负责控告申诉检察的部门应当接受并依法办理，其他办案部门应当予以配合：

（一）违反规定，对辩护人、诉讼代理人提出的回避要求不予受理或者对不予回避决定不服的复议申请不予受理的；

（二）未依法告知犯罪嫌疑人、被告人有权委托辩护人的；

（三）未转达在押或者被监视居住的犯罪嫌疑人、被告人委托辩护人的要求或者未转交其申请法律援助材料的；

（四）应当通知而不通知法律援助机构为符合条件的犯罪嫌疑人、被告人或者被申请强制医疗的人指派律师提供辩护或者法律援助的；

（五）在规定时间内不受理、不答复辩护人提出的变更强制措施申请或者解除强制措施要求的；

（六）未依法告知辩护律师犯罪嫌疑人涉嫌的罪名和案件有关情况的；

（七）违法限制辩护律师同在押、被监视居住的犯罪嫌疑人、被告人会见和通信的；

（八）违法不允许辩护律师查阅、摘抄、复制本案的案卷材料的；

（九）违法限制辩护律师收集、核实有关证据材料的；

（十）没有正当理由不同意辩护律师收集、调取证据或者通知证人出庭作证的申请，或者不答复、不说明理由的；

（十一）未依法提交证明犯罪嫌疑人、被告人无罪或者罪轻的证据材料的；

（十二）未依法听取辩护人、诉讼代理人意见的；

（十三）未依法将开庭的时间、地点及时通知辩护人、诉讼代理人的；

（十四）未依法向辩护人、诉讼代理人及时送达本案的法律文书或者及时告知案件移送情况的；

（十五）阻碍辩护人、诉讼代理人在法庭审理过程中依法行使诉讼权利的；

（十六）其他阻碍辩护人、诉讼代理人依法行使诉讼权利的。

对于直接向上一级人民检察院申诉或者控告的，上一级人民检察院可以交下级人民检察院办理，也可以直接办理。

辩护人、诉讼代理人认为看守所及其工作人员有阻碍其依法行使诉讼权利的行为，向人民检察院申诉或者控告的，由负责刑事执行检察的部门接受并依法办理；其他办案部门收到申诉或者控告的，应当及时移送负责刑事执行检察的部门。

第 460 条　人民检察院受理案件后，应当向未成年犯罪嫌疑人及其法定代理人了解其委托辩护人的情况，并告知其有权委托辩护人。

未成年犯罪嫌疑人没有委托辩护人的，人民检察院应当书面通知法律援助机构指派律师为其提供辩护。

对于公安机关未通知法律援助机构指派律师为未成年犯罪嫌疑人提供辩护的，人民检察院应当提出纠正意见。

第二十八条　强制医疗案件的法律援助

强制医疗案件的被申请人或者被告人没有委托诉讼代理人的，人民法院应当通知法律援助机构指派律师为其提供法律援助。

● 法　律

1.《刑事诉讼法》（2018 年 10 月 26 日）

第 304 条　人民法院受理强制医疗的申请后，应当组成合议庭进行审理。

人民法院审理强制医疗案件，应当通知被申请人或者被告人的法定代理人到场。被申请人或者被告人没有委托诉讼代理人的，人民法院应当通知法律援助机构指派律师为其提供法律帮助。

● 部门规章及文件

2.《关于刑事诉讼法律援助工作的规定》（2013 年 2 月 4 日）

第 24 条　犯罪嫌疑人、被告人及其近亲属、法定代理人，强制医疗案件中的被申请人、被告人的法定代理人认为公安机关、人民检察院、人民法院应当告知其可以向法律援助机构申请法律援助而没有告知，或者应当通知法律援助机构指派律师为其提供辩护或者诉讼代理而没有通知的，有权向同级或者上一级人民检察院申诉或者控告。人民检察院应当对申诉或者控告及时进行审查，情况属实的，通知有关机关予以纠正。

● 司法解释及文件

3.《最高人民法院关于适用〈中华人民共和国刑事诉讼法〉的解释》（2021 年 1 月 26 日）

第 634 条　审理强制医疗案件，应当通知被申请人或者被告人的法定代理人到场；被申请人或者被告人的法定代理人经通知未到场的，可以通知被申请人或者被告人的其他近亲属到场。

被申请人或者被告人没有委托诉讼代理人的，应当自受理强制医疗申请或者发现被告人符合强制医疗条件之日起三日以内，通知法律援助机构指派律师担任其诉讼代理人，为其提供法律帮助。

4.《人民检察院刑事诉讼规则》（2019 年 12 月 30 日）

第 545 条　人民检察院发现人民法院强制医疗案件审理活动具有下列情形之一的，应当提出纠正意见：

（一）未通知被申请人或者被告人的法定代理人到场的；

（二）被申请人或者被告人没有委托诉讼代理人，未通知法律援助机构指派律师为其提供法律帮助的；

（三）未组成合议庭或者合议庭组成人员不合法的；

（四）未经被申请人、被告人的法定代理人请求直接作出不开庭审理决定的；

（五）未会见被申请人的；

（六）被申请人、被告人要求出庭且具备出庭条件，未准许其出庭的；

（七）违反法定审理期限的；

（八）收到人民检察院对强制医疗决定不当的书面纠正意见后，未另行组成合议庭审理或者未在一个月以内作出复议决定的；

（九）人民法院作出的强制医疗决定或者驳回强制医疗申请决定不当的；

（十）其他违反法律规定的情形。

第二十九条　被害人、自诉人及原告人等法律援助申请

刑事公诉案件的被害人及其法定代理人或者近亲属，刑事自诉案件的自诉人及其法定代理人，刑事附带民事诉讼案件的原告人及其法定代理人，因经济困难没有委托诉讼代理人的，可以向法律援助机构申请法律援助。

● 法　律

1.《刑事诉讼法》（2018 年 10 月 26 日）

第 46 条　公诉案件的被害人及其法定代理人或者近亲属，附

带民事诉讼的当事人及其法定代理人，自案件移送审查起诉之日起，有权委托诉讼代理人。自诉案件的自诉人及其法定代理人，附带民事诉讼的当事人及其法定代理人，有权随时委托诉讼代理人。

人民检察院自收到移送审查起诉的案件材料之日起三日以内，应当告知被害人及其法定代理人或者其近亲属、附带民事诉讼的当事人及其法定代理人有权委托诉讼代理人。人民法院自受理自诉案件之日起三日以内，应当告知自诉人及其法定代理人、附带民事诉讼的当事人及其法定代理人有权委托诉讼代理人。

● 行政法规及文件

2. **《法律援助条例》**（2003 年 7 月 21 日）

第 11 条 刑事诉讼中有下列情形之一的，公民可以向法律援助机构申请法律援助：

（一）犯罪嫌疑人在被侦查机关第一次讯问后或者采取强制措施之日起，因经济困难没有聘请律师的；

（二）公诉案件中的被害人及其法定代理人或者近亲属，自案件移送审查起诉之日起，因经济困难没有委托诉讼代理人的；

（三）自诉案件的自诉人及其法定代理人，自案件被人民法院受理之日起，因经济困难没有委托诉讼代理人的。

● 司法解释及文件

3. **《人民检察院刑事诉讼规则》**（2019 年 12 月 30 日）

第 55 条 人民检察院自收到移送起诉案卷材料之日起三日以内，应当告知被害人及其法定代理人或者其近亲属、附带民事诉讼的当事人及其法定代理人有权委托诉讼代理人。被害人及其法定代理人、近亲属因经济困难没有委托诉讼代理人的，应当告知其可以申请法律援助。

当面口头告知的，应当记入笔录，由被告知人签名；电话告知的，应当记录在案；书面告知的，应当将送达回执入卷。被害人众多或者不确定，无法以上述方式逐一告知的，可以公告告知。无法告知的，应当记录在案。

被害人有法定代理人的，应当告知其法定代理人；没有法定代理人的，应当告知其近亲属。

法定代理人或者近亲属为二人以上的，可以告知其中一人。告知时应当按照刑事诉讼法第一百零八条第三项、第六项列举的顺序择先进行。

当事人及其法定代理人、近亲属委托诉讼代理人的，参照刑事诉讼法第三十三条等法律规定执行。

4.《最高人民法院关于适用〈中华人民共和国刑事诉讼法〉的解释》（2021年1月26日）

第62条 人民法院自受理自诉案件之日起三日以内，应当告知自诉人及其法定代理人、附带民事诉讼当事人及其法定代理人，有权委托诉讼代理人，并告知其如果经济困难，可以申请法律援助。

第三十条 值班律师提供法律帮助

值班律师应当依法为没有辩护人的犯罪嫌疑人、被告人提供法律咨询、程序选择建议、申请变更强制措施、对案件处理提出意见等法律帮助。

法 律

1.《刑事诉讼法》（2018年10月26日）

第36条 法律援助机构可以在人民法院、看守所等场所派驻值班律师。犯罪嫌疑人、被告人没有委托辩护人，法律援助机构没有指派律师为其提供辩护的，由值班律师为犯罪嫌疑人、被告人提供法律咨询、程序选择建议、申请变更强制措施、对案件处理提出意见等法律帮助。

人民法院、人民检察院、看守所应当告知犯罪嫌疑人、被告人有权约见值班律师，并为犯罪嫌疑人、被告人约见值班律师提供便利。

部门规章及文件

2.《公安机关办理刑事案件程序规定》（2020 年 7 月 20 日）

第 49 条 犯罪嫌疑人、被告人入所羁押时没有委托辩护人，法律援助机构也没有指派律师提供辩护的，看守所应当告知其有权约见值班律师，获得法律咨询、程序选择建议、申请变更强制措施、对案件处理提出意见等法律帮助，并为犯罪嫌疑人、被告人约见值班律师提供便利。

没有委托辩护人、法律援助机构没有指派律师提供辩护的犯罪嫌疑人、被告人，向看守所申请由值班律师提供法律帮助的，看守所应当在二十四小时内通知值班律师。

司法解释及文件

3.《人民检察院刑事诉讼规则》（2019 年 12 月 30 日）

第 268 条 人民检察院应当商法律援助机构设立法律援助工作站派驻值班律师或者及时安排值班律师，为犯罪嫌疑人提供法律咨询、程序选择建议、申请变更强制措施、对案件处理提出意见等法律帮助。

人民检察院应当告知犯罪嫌疑人有权约见值班律师，并为其约见值班律师提供便利。

第 267 条 人民检察院办理犯罪嫌疑人认罪认罚案件，应当保障犯罪嫌疑人获得有效法律帮助，确保其了解认罪认罚的性质和法律后果，自愿认罪认罚。

人民检察院受理案件后，应当向犯罪嫌疑人了解其委托辩护人的情况。犯罪嫌疑人自愿认罪认罚、没有辩护人的，在审查逮捕阶段，人民检察院应当要求公安机关通知值班律师为其提供法律帮助；在审查起诉阶段，人民检察院应当通知值班律师为其提供法律帮助。符合通知辩护条件的，应当依法通知法律援助机构指派律师为其提供辩护。

● 案例指引

陕西省西安市蓝田县法律援助中心对贫困户罗某某追讨购砖款提供法律援助案（2021 年司法部发布 12 起法援惠民生典型案例之十）①

【基本案情】

61 岁的罗某某是陕西省西安市马王村村民，长期患有慢阻肺，妻子身体也不好，属于该村建档立卡贫困户。2016 年 1 月 5 日，罗某某向张某某预订 5 万块机砖，准备翻新旧房，并向张某某支付了货款 1．1 万元。2016 年 7 月，张某某开办的砖厂被政府关闭，不再生产机砖。得知此事后，罗某某多次找张某某要求退还购砖款，但张某某总以各种理由予以拒绝。无奈之下，罗某某要求从张某某停办的砖厂中拉走 8000 块废品砖，张某某同意，但剩下的砖款张某某仍然没有退还。

2020 年 5 月，西安市法律援助中心派往马王村扶贫的马世魁律师得知此事后，及时向法律援助中心反映了情况。西安市法律援助中心认为罗某某的情况符合法律援助条件，由马律师和蓝田县法律援助中心进行联系，帮助罗某某申请法律援助。

2020 年 7 月 13 日，罗某某来到蓝田县法律援助中心。蓝田县法律援助中心开启“绿色通道”，当即受理了罗某某的法律援助申请，并指派陕西白鹿原律师事务所律师雷彦承办此案。承办律师接受指派后，马上书写起诉状，带领罗某某到法院立案，当天办完了所有诉讼手续。

法院立案后，法律援助承办律师开始庭审准备工作。由于罗某某支付购砖款已经过去四年多时间，且张某某的机砖厂没有任何手

---

① 《司法部发布 12 起法援惠民生典型案例（三）》，载司法部网站，http：//www. moj. gov. cn/pub/sfbgw/jgsz/jgszzsdw/zsdwflyzzx/flyzzxgzdt/202103/t20210304_ 356255. html，2022 年 12 月 5 日访问。

续，如果证据准备不够充分，罗某某极有可能败诉。承办律师走访了曾经在机砖厂购买过机砖的50余户人家，还上门拜访了曾经和罗某某一起去张某某家协商此事的帮扶干部。在承办律师和扶贫干部的辛勤努力下，终于取得了支持该案胜诉的全部证据。

2020年8月13日，蓝田县人民法院适用简易程序审理此案，法庭当庭认定了法援律师提供的全部证据。8月21日，法院作出一审判决，判令被告张某某在判决书生效后十日内返还原告罗某某砖款9240元。

【案件点评】

本案是一起法律援助助力脱贫攻坚的典型案例。驻村扶贫的律师发现案情后，主动将情况反映给法律援助中心，法律援助中心及时伸出援手，指派律师帮助受援人讨回了购砖款。此举不仅有力地维护了农村贫困户的合法权益，同时也向困难群众宣传了法律援助知识，提高了农村群众依法维权的法治意识。

第三十一条 经济困难当事人法律援助申请

下列事项的当事人，因经济困难没有委托代理人的，可以向法律援助机构申请法律援助：

（一）依法请求国家赔偿；

（二）请求给予社会保险待遇或者社会救助；

（三）请求发给抚恤金；

（四）请求给付赡养费、抚养费、扶养费；

（五）请求确认劳动关系或者支付劳动报酬；

（六）请求认定公民无民事行为能力或者限制民事行为能力；

（七）请求工伤事故、交通事故、食品药品安全事故、医疗事故人身损害赔偿；

（八）请求环境污染、生态破坏损害赔偿；

（九）法律、法规、规章规定的其他情形。

● 案例指引

贵州省贵阳市乌当区法律援助中心对胡某劳动争议纠纷提供法律援助案（2021 年司法部发布 12 起法援惠民生典型案例之九）①

【基本案情】

2020 年 8 月 18 日，胡某到贵州省贵阳市乌当区法律援助中心申请法律援助。胡某称，自 2013 年 11 月 5 日以来，她在贵州某药业有限公司的分公司任职美疗师，公司按月为其发放 2000 元工资，但双方未签订书面劳动合同，公司也未为其缴纳社会保险。此外，自 2013 年 11 月 5 日至 2020 年 7 月 31 日，公司延长胡某劳动时间，也未结算加班费。因新冠肺炎疫情原因，公司要将胡某辞退，且不向其支付补偿金，胡某家庭经济困难，希望法律援助中心能够帮助她。

贵阳市乌当区法律援助中心经审核，认为胡某的情况符合法律援助条件，受理了其援助申请，指派贵州黔鹰律师事务所律师陈叶叶承办此案。承办律师接受指派后，经过调查了解发现，胡某的工资是由贵州某药业有限公司、贵州某药业有限公司的分公司、贵州某香药产业有限公司混同发放，三个公司的法定代表人均为同一人。律师认为，三个公司之间已经构成严重的财产、人员混同，建议胡某向三个公司一并申请劳动仲裁。胡某于 2020 年 10 月 12 日向贵阳市乌当区劳动人事争议仲裁委员会申请劳动仲裁，请求上述三个公司向其支付因未签订书面劳动合同的二倍工资共计 2.2 万元，向其支付经济补偿金 1.4 万元，向其支付法定休假日、双休日以及工作日延长劳动时间的加班工资 2103 元。

乌当区劳动仲裁委依法立案并组成合议庭，于 2020 年 11 月 6 日开庭审理，最终裁决支持了公司为胡某发放经济补偿金 1.4 万元，并为其补缴 2013 年 12 月至 2020 年 9 月期间的社会保险。

---

① 《司法部发布 12 起法援惠民生典型案例（三）》，载司法部网站，http：//www.moj.gov.cn/pub/sfbgw/jgsz/jgszzsdw/zsdwflyzzx/flyzzxgzdt/202103/t20210304_356255.html，2022 年 12 月 5 日访问。

2021 年 1 月 18 日，乌当区法律援助中心对胡某进行电话回访时，得知贵州某药业有限公司向贵阳市中级人民法院申请撤销乌当区仲裁委的裁决。乌当区法律援助中心立即指派贵州航建律师事务所律师潘飞为胡某提供法律援助。1 月 29 日，贵阳市中级人民法院开庭审理此案，最终通过调解，贵州某药业有限公司支付胡某 12000 元经济补偿金，维持补缴社会保险的裁决。

【案件点评】

这是一起法律援助将因疫致贫的劳动者作为重点服务对象的典型案例。法律援助承办律师接案后，联系受援人开展调查工作，通过分析本案的法律关系和案件事实，帮助厘清诉求金额，在庭审中提出有力代理意见，成功维护了受援人的合法权益。

第三十二条 申请法律援助不受经济困难条件限制的情形

有下列情形之一，当事人申请法律援助的，不受经济困难条件的限制：

（一）英雄烈士近亲属为维护英雄烈士的人格权益；

（二）因见义勇为行为主张相关民事权益；

（三）再审改判无罪请求国家赔偿；

（四）遭受虐待、遗弃或者家庭暴力的受害人主张相关权益；

（五）法律、法规、规章规定的其他情形。

● 行政法规及文件

《法律援助条例》（2003 年 7 月 21 日）

第 10 条　公民对下列需要代理的事项，因经济困难没有委托代理人的，可以向法律援助机构申请法律援助：

（一）依法请求国家赔偿的；

（二）请求给予社会保险待遇或者最低生活保障待遇的；

（三）请求发给抚恤金、救济金的；

（四）请求给付赡养费、抚养费、扶养费的；

（五）请求支付劳动报酬的；

（六）主张因见义勇为行为产生的民事权益的。

省、自治区、直辖市人民政府可以对前款规定以外的法律援助事项作出补充规定。

公民可以就本条第一款、第二款规定的事项向法律援助机构申请法律咨询。

第14条 公民就本条例第十条所列事项申请法律援助，应当按照下列规定提出：

（一）请求国家赔偿的，向赔偿义务机关所在地的法律援助机构提出申请；

（二）请求给予社会保险待遇、最低生活保障待遇或者请求发给抚恤金、救济金的，向提供社会保险待遇、最低生活保障待遇或者发给抚恤金、救济金的义务机关所在地的法律援助机构提出申请；

（三）请求给付赡养费、抚养费、扶养费的，向给付赡养费、抚养费、扶养费的义务人住所地的法律援助机构提出申请；

（四）请求支付劳动报酬的，向支付劳动报酬的义务人住所地的法律援助机构提出申请；

（五）主张因见义勇为行为产生的民事权益的，向被请求人住所地的法律援助机构提出申请。

第三十三条 申诉、再审的法律援助申请

当事人不服司法机关生效裁判或者决定提出申诉或者申请再审，人民法院决定、裁定再审或者人民检察院提出抗诉，因经济困难没有委托辩护人或者诉讼代理人的，本人及其近亲属可以向法律援助机构申请法律援助。

部门规章及文件

《关于刑事诉讼法律援助工作的规定》（2012 年 2 月 4 日）

第 5 条　公安机关、人民检察院在第一次讯问犯罪嫌疑人或者采取强制措施的时候，应当告知犯罪嫌疑人有权委托辩护人，并告知其如果符合本规定第二条规定，本人及其近亲属可以向法律援助机构申请法律援助。

人民检察院自收到移送审查起诉的案件材料之日起 3 日内，应当告知犯罪嫌疑人有权委托辩护人，并告知其如果符合本规定第二条规定，本人及其近亲属可以向法律援助机构申请法律援助；应当告知被害人及其法定代理人或者近亲属有权委托诉讼代理人，并告知其如果经济困难，可以向法律援助机构申请法律援助。

人民法院自受理案件之日起 3 日内，应当告知被告人有权委托辩护人，并告知其如果符合本规定第二条规定，本人及其近亲属可以向法律援助机构申请法律援助；应当告知自诉人及其法定代理人有权委托诉讼代理人，并告知其如果经济困难，可以向法律援助机构申请法律援助。人民法院决定再审的案件，应当自决定再审之日起 3 日内履行相关告知职责。

犯罪嫌疑人、被告人具有本规定第九条规定情形的，公安机关、人民检察院、人民法院应当告知其如果不委托辩护人，将依法通知法律援助机构指派律师为其提供辩护。

第三十四条　经济困难标准制定

经济困难的标准，由省、自治区、直辖市人民政府根据本行政区域经济发展状况和法律援助工作需要确定，并实行动态调整。

行政法规及文件

1.《法律援助条例》（2003 年 7 月 21 日）

第 5 条 直辖市、设区的市或者县级人民政府司法行政部门根据需要确定本行政区域的法律援助机构。

法律援助机构负责受理、审查法律援助申请，指派或者安排人员为符合本条例规定的公民提供法律援助。

第 13 条 本条例所称公民经济困难的标准，由省、自治区、直辖市人民政府根据本行政区域经济发展状况和法律援助事业的需要规定。

申请人住所地的经济困难标准与受理申请的法律援助机构所在地的经济困难标准不一致的，按照受理申请的法律援助机构所在地的经济困难标准执行。

部门规章及文件

2.《办理法律援助案件程序规定》（2012 年 4 月 9 日）

第 15 条 法律援助机构经审查，对于有下列情形之一的，应当认定申请人经济困难：

（一）申请人及与其共同生活的家庭成员的人均收入符合法律援助地方性法规或者省、自治区、直辖市人民政府规定的经济困难标准的；

（二）申请事项的对方当事人是与申请人共同生活的家庭成员，申请人的个人收入符合法律援助地方性法规或者省、自治区、直辖市人民政府规定的经济困难标准的；

（三）申请人持本规定第十条规定的证件、证明材料申请法律援助，法律援助机构经审查认为真实有效的。

第四章　程序和实施

第三十五条　申请法律援助告知义务

人民法院、人民检察院、公安机关和有关部门在办理案件或者相关事务中，应当及时告知有关当事人有权依法申请法律援助。

部门规章及文件

1.《关于刑事诉讼法律援助工作的规定》（2013 年 2 月 4 日）

第 5 条　公安机关、人民检察院在第一次讯问犯罪嫌疑人或者采取强制措施的时候，应当告知犯罪嫌疑人有权委托辩护人，并告知其如果符合本规定第二条规定，本人及其近亲属可以向法律援助机构申请法律援助。

人民检察院自收到移送审查起诉的案件材料之日起 3 日内，应当告知犯罪嫌疑人有权委托辩护人，并告知其如果符合本规定第二条规定，本人及其近亲属可以向法律援助机构申请法律援助；应当告知被害人及其法定代理人或者近亲属有权委托诉讼代理人，并告知其如果经济困难，可以向法律援助机构申请法律援助。

人民法院自受理案件之日起 3 日内，应当告知被告人有权委托辩护人，并告知其如果符合本规定第二条规定，本人及其近亲属可以向法律援助机构申请法律援助；应当告知自诉人及其法定代理人有权委托诉讼代理人，并告知其如果经济困难，可以向法律援助机构申请法律援助。人民法院决定再审的案件，应当自决定再审之日起 3 日内履行相关告知职责。

犯罪嫌疑人、被告人具有本规定第九条规定情形的，公安机关、人民检察院、人民法院应当告知其如果不委托辩护人，将依法通知法律援助机构指派律师为其提供辩护。

第24条 犯罪嫌疑人、被告人及其近亲属、法定代理人，强制医疗案件中的被申请人、被告人的法定代理人认为公安机关、人民检察院、人民法院应当告知其可以向法律援助机构申请法律援助而没有告知，或者应当通知法律援助机构指派律师为其提供辩护或者诉讼代理而没有通知的，有权向同级或者上一级人民检察院申诉或者控告。人民检察院应当对申诉或者控告及时进行审查，情况属实的，通知有关机关予以纠正。

● 司法解释及文件

2. **《关于依法保障律师执业权利的规定》**（2015年9月16日）

第5条 办案机关在办理案件中应当依法告知当事人有权委托辩护人、诉讼代理人。对于符合法律援助条件而没有委托辩护人或者诉讼代理人的，办案机关应当及时告知当事人有权申请法律援助，并按照相关规定向法律援助机构转交申请材料。办案机关发现犯罪嫌疑人、被告人属于依法应当提供法律援助的情形的，应当及时通知法律援助机构指派律师为其提供辩护。

第三十六条 刑事案件法律援助的指派要求

人民法院、人民检察院、公安机关办理刑事案件，发现有本法第二十五条第一款、第二十八条规定情形的，应当在三日内通知法律援助机构指派律师。法律援助机构收到通知后，应当在三日内指派律师并通知人民法院、人民检察院、公安机关。

● 法　律

1. **《刑事诉讼法》**（2018年10月26日）

第35条 犯罪嫌疑人、被告人因经济困难或者其他原因没有委托辩护人的，本人及其近亲属可以向法律援助机构提出申请。对符合法律援助条件的，法律援助机构应当指派律师为其提供辩护。

犯罪嫌疑人、被告人是盲、聋、哑人，或者是尚未完全丧失辨认或者控制自己行为能力的精神病人，没有委托辩护人的，人民法院、人民检察院和公安机关应当通知法律援助机构指派律师为其提供辩护。

犯罪嫌疑人、被告人可能被判处无期徒刑、死刑，没有委托辩护人的，人民法院、人民检察院和公安机关应当通知法律援助机构指派律师为其提供辩护。

部门规章及文件

2.《关于刑事诉讼法律援助工作的规定》（2013 年 2 月 4 日）

第 5 条 公安机关、人民检察院在第一次讯问犯罪嫌疑人或者采取强制措施的时候，应当告知犯罪嫌疑人有权委托辩护人，并告知其如果符合本规定第二条规定，本人及其近亲属可以向法律援助机构申请法律援助。

人民检察院自收到移送审查起诉的案件材料之日起 3 日内，应当告知犯罪嫌疑人有权委托辩护人，并告知其如果符合本规定第二条规定，本人及其近亲属可以向法律援助机构申请法律援助；应当告知被害人及其法定代理人或者近亲属有权委托诉讼代理人，并告知其如果经济困难，可以向法律援助机构申请法律援助。

人民法院自受理案件之日起 3 日内，应当告知被告人有权委托辩护人，并告知其如果符合本规定第二条规定，本人及其近亲属可以向法律援助机构申请法律援助；应当告知自诉人及其法定代理人有权委托诉讼代理人，并告知其如果经济困难，可以向法律援助机构申请法律援助。人民法院决定再审的案件，应当自决定再审之日起 3 日内履行相关告知职责。

犯罪嫌疑人、被告人具有本规定第九条规定情形的，公安机关、人民检察院、人民法院应当告知其如果不委托辩护人，将依法通知法律援助机构指派律师为其提供辩护。

司法解释及文件

3.《最高人民法院关于适用〈中华人民共和国刑事诉讼法〉的解释》（2021年1月26日）

第601条 人民法院审理人民检察院依照刑事诉讼法第二百九十一条第一款的规定提起公诉的案件，被告人有权委托或者由近亲属代为委托一至二名辩护人。委托律师担任辩护人的，应当委托具有中华人民共和国律师资格并依法取得执业证书的律师；在境外委托的，应当依照本解释第四百八十六条的规定对授权委托进行公证、认证。

被告人及其近亲属没有委托辩护人的，人民法院应当通知法律援助机构指派律师为被告人提供辩护。

被告人及其近亲属拒绝法律援助机构指派的律师辩护的，依照本解释第五十条第二款的规定处理。

第三十七条 值班律师权利保障

人民法院、人民检察院、公安机关应当保障值班律师依法提供法律帮助，告知没有辩护人的犯罪嫌疑人、被告人有权约见值班律师，并依法为值班律师了解案件有关情况、阅卷、会见等提供便利。

法　律

1.《刑事诉讼法》（2018年10月26日）

第36条 法律援助机构可以在人民法院、看守所等场所派驻值班律师。犯罪嫌疑人、被告人没有委托辩护人，法律援助机构没有指派律师为其提供辩护的，由值班律师为犯罪嫌疑人、被告人提供法律咨询、程序选择建议、申请变更强制措施、对案件处理提出意见等法律帮助。

人民法院、人民检察院、看守所应当告知犯罪嫌疑人、被告人有权约见值班律师，并为犯罪嫌疑人、被告人约见值班律师提供便利。

● 部门规章及文件

2. **《公安机关办理刑事案件程序规定》**（2020 年 7 月 20 日）

第 49 条 犯罪嫌疑人、被告人入所羁押时没有委托辩护人，法律援助机构也没有指派律师提供辩护的，看守所应当告知其有权约见值班律师，获得法律咨询、程序选择建议、申请变更强制措施、对案件处理提出意见等法律帮助，并为犯罪嫌疑人、被告人约见值班律师提供便利。

没有委托辩护人、法律援助机构没有指派律师提供辩护的犯罪嫌疑人、被告人，向看守所申请由值班律师提供法律帮助的，看守所应当在二十四小时内通知值班律师。

● 司法解释及文件

3. **《人民检察院刑事诉讼规则》**（2019 年 12 月 30 日）

第 267 条 人民检察院办理犯罪嫌疑人认罪认罚案件，应当保障犯罪嫌疑人获得有效法律帮助，确保其了解认罪认罚的性质和法律后果，自愿认罪认罚。

人民检察院受理案件后，应当向犯罪嫌疑人了解其委托辩护人的情况。犯罪嫌疑人自愿认罪认罚、没有辩护人的，在审查逮捕阶段，人民检察院应当要求公安机关通知值班律师为其提供法律帮助；在审查起诉阶段，人民检察院应当通知值班律师为其提供法律帮助。符合通知辩护条件的，应当依法通知法律援助机构指派律师为其提供辩护。

第三十八条 法律援助管辖

对诉讼事项的法律援助，由申请人向办案机关所在地的法律援助机构提出申请；对非诉讼事项的法律援助，由申请人向争议处理机关所在地或者事由发生地的法律援助机构提出申请。

行政法规及文件

1. **《法律援助条例》**（2003 年 7 月 21 日）

第 16 条 申请人为无民事行为能力人或者限制民事行为能力人的，由其法定代理人代为提出申请。

无民事行为能力人或者限制民事行为能力人与其法定代理人之间发生诉讼或者因其他利益纠纷需要法律援助的，由与该争议事项无利害关系的其他法定代理人代为提出申请。

第 14 条 公民就本条例第十条所列事项申请法律援助，应当按照下列规定提出：

（一）请求国家赔偿的，向赔偿义务机关所在地的法律援助机构提出申请；

（二）请求给予社会保险待遇、最低生活保障待遇或者请求发给抚恤金、救济金的，向提供社会保险待遇、最低生活保障待遇或者发给抚恤金、救济金的义务机关所在地的法律援助机构提出申请；

（三）请求给付赡养费、抚养费、扶养费的，向给付赡养费、抚养费、扶养费的义务人住所地的法律援助机构提出申请；

（四）请求支付劳动报酬的，向支付劳动报酬的义务人住所地的法律援助机构提出申请；

（五）主张因见义勇为行为产生的民事权益的，向被请求人住所地的法律援助机构提出申请。

● 部门规章及文件

2.《办理法律援助案件程序规定》（2012 年 4 月 9 日）

第 8 条 公民因经济困难就《法律援助条例》第十条规定的事项申请法律援助的，由义务机关所在地、义务人住所地或者被请求人住所地的法律援助机构依法受理。

《法律援助条例》第十一条规定的公民因经济困难申请刑事法律援助的，由办理案件的人民法院、人民检察院、公安机关所在地的法律援助机构受理。

申请人就同一事项向两个以上法律援助机构提出申请的，由最先收到申请的法律援助机构受理。

第 34 条 法律援助人员应当自法律援助案件结案之日起 30 日内向法律援助机构提交立卷材料。

诉讼案件以法律援助人员收到判决书、裁定书、调解书之日为结案日。仲裁案件或者行政复议案件以法律援助人员收到仲裁裁决书、行政复议决定书原件或者复印件之日为结案日；其他非诉讼法律事务以受援人与对方当事人达成和解、调解协议之日为结案日；无相关文书的，以义务人开始履行义务之日为结案日。法律援助机构终止法律援助的，以法律援助人员所属单位收到终止法律援助决定函之日为结案日。

第四章

第三十九条 法律援助申请转交

被羁押的犯罪嫌疑人、被告人、服刑人员，以及强制隔离戒毒人员等提出法律援助申请的，办案机关、监管场所应当在二十四小时内将申请转交法律援助机构。

犯罪嫌疑人、被告人通过值班律师提出代理、刑事辩护等法律援助申请的，值班律师应当在二十四小时内将申请转交法律援助机构。

● 部门规章及文件

《公安机关办理刑事案件程序规定》（2020 年 7 月 20 日）

第 47 条 公安机关收到在押的犯罪嫌疑人提出的法律援助申请后，应当在二十四小时以内将其申请转交所在地的法律援助机构，并在三日以内通知申请人的法定代理人、近亲属或者其委托的其他人员协助提供有关证件、证明等相关材料。犯罪嫌疑人的法定代理人、近亲属或者其委托的其他人员地址不详无法通知的，应当在转交申请时一并告知法律援助机构。

犯罪嫌疑人拒绝法律援助机构指派的律师作为辩护人或者自行委托辩护人的，公安机关应当在三日以内通知法律援助机构。

第 49 条 犯罪嫌疑人、被告人入所羁押时没有委托辩护人，法律援助机构也没有指派律师提供辩护的，看守所应当告知其有权约见值班律师，获得法律咨询、程序选择建议、申请变更强制措施、对案件处理提出意见等法律帮助，并为犯罪嫌疑人、被告人约见值班律师提供便利。

没有委托辩护人、法律援助机构没有指派律师提供辩护的犯罪嫌疑人、被告人，向看守所申请由值班律师提供法律帮助的，看守所应当在二十四小时内通知值班律师。

第四十条 代为提出法律援助申请

无民事行为能力人或者限制民事行为能力人需要法律援助的，可以由其法定代理人代为提出申请。法定代理人侵犯无民事行为能力人、限制民事行为能力人合法权益的，其他法定代理人或者近亲属可以代为提出法律援助申请。

被羁押的犯罪嫌疑人、被告人、服刑人员，以及强制隔离戒毒人员，可以由其法定代理人或者近亲属代为提出法律援助申请。

● 行政法规及文件

1.《法律援助条例》（2003 年 7 月 21 日）

第 16 条 申请人为无民事行为能力人或者限制民事行为能力人的，由其法定代理人代为提出申请。

无民事行为能力人或者限制民事行为能力人与其法定代理人之间发生诉讼或者因其他利益纠纷需要法律援助的，由与该争议事项无利害关系的其他法定代理人代为提出申请。

● 部门规章及文件

2.《关于刑事诉讼法律援助工作的规定》（2013 年 2 月 4 日）

第 7 条 被羁押的犯罪嫌疑人、被告人提出法律援助申请的，公安机关、人民检察院、人民法院应当在收到申请 24 小时内将其申请转交或者告知法律援助机构，并于 3 日内通知申请人的法定代理人、近亲属或者其委托的其他人员协助向法律援助机构提供有关证件、证明等相关材料。犯罪嫌疑人、被告人的法定代理人或者近亲属无法通知的，应当在转交申请时一并告知法律援助机构。

第四十一条 经济困难状况如实说明及核查

因经济困难申请法律援助的，申请人应当如实说明经济困难状况。

法律援助机构核查申请人的经济困难状况，可以通过信息共享查询，或者由申请人进行个人诚信承诺。

法律援助机构开展核查工作，有关部门、单位、村民委员会、居民委员会和个人应当予以配合。

● 行政法规及文件

1.《法律援助条例》（2003 年 7 月 21 日）

第 18 条 法律援助机构收到法律援助申请后，应当进行审查；认为申请人提交的证件、证明材料不齐全的，可以要求申请人作出必要的补充或者说明，申请人未按要求作出补充或者说明的，视为撤销申请；认为申请人提交的证件、证明材料需要查证的，由法律援助机构向有关机关、单位查证。

对符合法律援助条件的，法律援助机构应当及时决定提供法律援助；对不符合法律援助条件的，应当书面告知申请人理由。

● 部门规章及文件

2.**《办理法律援助案件程序规定》**（2012 年 4 月 9 日）

第 9 条 公民申请代理、刑事辩护法律援助，应当如实提交下列申请材料：

（一）法律援助申请表。填写申请表确有困难的，由法律援助机构工作人员或者转交申请的机关、单位工作人员代为填写；

（二）身份证或者其他有效的身份证明，申请代理人还应当提交有代理权的证明；

（三）法律援助申请人经济状况证明表；

（四）与所申请法律援助事项有关的案件材料。

法律援助申请人经济状况证明表应当由法律援助地方性法规、规章规定的有权出具经济困难证明的机关、单位加盖公章。无相关规定的，由申请人住所地或者经常居住地的村民委员会、居民委员会或者所在单位加盖公章。

第 10 条 申请人持有下列证件、证明材料的，无需提交法律援助申请人经济状况证明表：

（一）城市居民最低生活保障证或者农村居民最低生活保障证；

（二）农村特困户救助证；

（三）农村“五保”供养证；

（四）人民法院给予申请人司法救助的决定；

（五）在社会福利机构中由政府出资供养或者由慈善机构出

资供养的证明材料；

（六）残疾证及申请人住所地或者经常居住地的村民委员会、居民委员会出具的无固定生活来源的证明材料；

（七）依靠政府或者单位给付抚恤金生活的证明材料；

（八）因自然灾害等原因导致生活出现暂时困难，正在接受政府临时救济的证明材料；

（九）法律、法规及省、自治区、直辖市人民政府规定的能够证明法律援助申请人经济困难的其他证件、证明材料。

第15条 法律援助机构经审查，对于有下列情形之一的，应当认定申请人经济困难：

（一）申请人及与其共同生活的家庭成员的人均收入符合法律援助地方性法规或者省、自治区、直辖市人民政府规定的经济困难标准的；

（二）申请事项的对方当事人是与申请人共同生活的家庭成员，申请人的个人收入符合法律援助地方性法规或者省、自治区、直辖市人民政府规定的经济困难标准的；

（三）申请人持本规定第十条规定的证件、证明材料申请法律援助，法律援助机构经审查认为真实有效的。

第四十二条 免予核查经济困难状况情形

法律援助申请人有材料证明属于下列人员之一的，免予核查经济困难状况：

（一）无固定生活来源的未成年人、老年人、残疾人等特定群体；

（二）社会救助、司法救助或者优抚对象；

（三）申请支付劳动报酬或者请求工伤事故人身损害赔偿的进城务工人员；

（四）法律、法规、规章规定的其他人员。

部门规章及文件

《办理法律援助案件程序规定》（2012 年 4 月 9 日）

第 10 条 申请人持有下列证件、证明材料的，无需提交法律援助申请人经济状况证明表：

（一）城市居民最低生活保障证或者农村居民最低生活保障证；

（二）农村特困户救助证；

（三）农村“五保”供养证；

（四）人民法院给予申请人司法救助的决定；

（五）在社会福利机构中由政府出资供养或者由慈善机构出资供养的证明材料；

（六）残疾证及申请人住所地或者经常居住地的村民委员会、居民委员会出具的无固定生活来源的证明材料；

（七）依靠政府或者单位给付抚恤金生活的证明材料；

（八）因自然灾害等原因导致生活出现暂时困难，正在接受政府临时救济的证明材料；

（九）法律、法规及省、自治区、直辖市人民政府规定的能够证明法律援助申请人经济困难的其他证件、证明材料。

第四十三条 法律援助申请处理

法律援助机构应当自收到法律援助申请之日起七日内进行审查，作出是否给予法律援助的决定。决定给予法律援助的，应当自作出决定之日起三日内指派法律援助人员为受援人提供法律援助；决定不给予法律援助的，应当书面告知申请人，并说明理由。

申请人提交的申请材料不齐全的，法律援助机构应当一次性告知申请人需要补充的材料或者要求申请人作出说明。申请人未按要求补充材料或者作出说明的，视为撤回申请。

行政法规及文件

1.《法律援助条例》(2003 年 7 月 21 日)

第 18 条 法律援助机构收到法律援助申请后，应当进行审查；认为申请人提交的证件、证明材料不齐全的，可以要求申请人作出必要的补充或者说明，申请人未按要求作出补充或者说明的，视为撤销申请；认为申请人提交的证件、证明材料需要查证的，由法律援助机构向有关机关、单位查证。

对符合法律援助条件的，法律援助机构应当及时决定提供法律援助；对不符合法律援助条件的，应当书面告知申请人理由。

部门规章及文件

2.《办理法律援助案件程序规定》(2012 年 4 月 9 日)

第 13 条 法律援助机构应当自受理申请之日起 7 个工作日内进行审查，并作出是否给予法律援助的决定；属于本规定第十四条规定情形的，可以适当延长审查期限。

法律援助机构经审查认为申请人提交的申请材料不齐全或者内容不清楚的，应当发出补充材料通知或者要求申请人作出说明。申请人补充材料、作出说明所需的时间不计入审查期限。申请人未按要求补充材料或者作出说明的，视为撤销申请。

第四十四条 先行提供法律援助

法律援助机构收到法律援助申请后，发现有下列情形之一的，可以决定先行提供法律援助：

（一）距法定时效或者期限届满不足七日，需要及时提起诉讼或者申请仲裁、行政复议；

（二）需要立即申请财产保全、证据保全或者先予执行；

（三）法律、法规、规章规定的其他情形。

法律援助机构先行提供法律援助的，受援人应当及时补办有关手续，补充有关材料。

部门规章及文件

《办理法律援助案件程序规定》（2012 年 4 月 9 日）

第 18 条 申请事项符合《法律援助条例》第十条、第十一条规定，且具有下列情形之一的，法律援助机构可以决定先行提供法律援助：

（一）距法定时效届满不足 7 日，需要及时提起诉讼或者申请仲裁、行政复议的；

（二）需要立即申请财产保全、证据保全或者先予执行的；

（三）其他紧急或者特殊情况。

先行提供法律援助的，受援人应当在法律援助机构确定的期限内补交规定的申请材料。法律援助机构经审查认为受援人不符合经济困难标准的，应当终止法律援助，并按照本规定第三十三条第二款的规定办理。

第四十五条 无障碍设施设备和服务提供

法律援助机构为老年人、残疾人提供法律援助服务的，应当根据实际情况提供无障碍设施设备和服务。

法律法规对向特定群体提供法律援助有其他特别规定的，依照其规定。

法 律

1. **《残疾人保障法》**（2018 年 10 月 26 日）

第 53 条 无障碍设施的建设和改造，应当符合残疾人的实际需要。

新建、改建和扩建建筑物、道路、交通设施等，应当符合国家有关无障碍设施工程建设标准。

各级人民政府和有关部门应当按照国家无障碍设施工程建设规定，逐步推进已建成设施的改造，优先推进与残疾人日常工作、生活密切相关的公共服务设施的改造。

对无障碍设施应当及时维修和保护。

2.《老年人权益保障法》（2018 年 12 月 29 日）

第 64 条 国家制定无障碍设施工程建设标准。新建、改建和扩建道路、公共交通设施、建筑物、居住区等，应当符合国家无障碍设施工程建设标准。

各级人民政府和有关部门应当按照国家无障碍设施工程建设标准，优先推进与老年人日常生活密切相关的公共服务设施的改造。

无障碍设施的所有人和管理人应当保障无障碍设施正常使用。

第四十六条 法律援助人员义务

法律援助人员接受指派后，无正当理由不得拒绝、拖延或者终止提供法律援助服务。

法律援助人员应当按照规定向受援人通报法律援助事项办理情况，不得损害受援人合法权益。

部门规章及文件

1.《律师执业管理办法》（2016 年 9 月 18 日）

第 45 条 律师应当按照国家规定履行法律援助义务，为受援人提供符合标准的法律服务，维护受援人的合法权益，不得拖延、懈怠履行或者擅自停止履行法律援助职责，或者未经律师事务所、法律援助机构同意，擅自将法律援助案件转交其他人员办理。

2.《律师事务所管理办法》（2018 年 12 月 5 日）

第 48 条 律师事务所应当依法履行法律援助义务，及时安排本所律师承办法律援助案件，为办理法律援助案件提供条件和便利，无正当理由不得拒绝接受法律援助机构指派的法律援助案件。

3.**《律师和律师事务所违法行为处罚办法》**（2010年4月8日）

第9条 有下列情形之一的，属于《律师法》第四十七条第五项规定的律师“拒绝履行法律援助义务的”违法行为：

（一）无正当理由拒绝接受律师事务所或者法律援助机构指派的法律援助案件的；

（二）接受指派后，懈怠履行或者擅自停止履行法律援助职责的。

第28条 有下列情形之一的，属于《律师法》第五十条第六项规定的律师事务所“拒绝履行法律援助义务的”违法行为：

（一）无正当理由拒绝接受法律援助机构指派的法律援助案件的；

（二）接受指派后，不按规定及时安排本所律师承办法律援助案件或者拒绝为法律援助案件的办理提供条件和便利的；

（三）纵容或者放任本所律师有本办法第九条规定的违法行为的。

4.**《办理法律援助案件程序规定》**（2012年4月9日）

第32条 受援人有证据证明法律援助人员不依法履行义务的，可以请求法律援助机构更换法律援助人员。

法律援助机构应当自受援人申请更换之日起5个工作日内决定是否更换。决定更换的，应当另行指派或者安排人员承办。对犯罪嫌疑人、被告人具有应当指定辩护的情形，人民法院、人民检察院、公安机关决定为其另行指定辩护人的，法律援助机构应当另行指派或者安排人员承办。

更换法律援助人员的，原法律援助人员所属单位应当与受援人解除或者变更委托代理协议，原法律援助人员应当与更换后的法律援助人员办理案件材料移交手续。

第四十七条　受援人的如实陈述及其配合义务

受援人应当向法律援助人员如实陈述与法律援助事项有关的情况，及时提供证据材料，协助、配合办理法律援助事项。

部门规章及文件

《办理法律援助案件程序规定》（2012 年 4 月 9 日）

第 33 条　有下列情形之一的，应当终止法律援助：

（一）受援人不再符合法律援助经济困难标准的；

（二）案件依法终止审理或者被撤销的；

（三）受援人自行委托其他代理人或者辩护人的；

（四）受援人要求终止法律援助的；

（五）受援人利用法律援助从事违法活动的；

（六）受援人故意隐瞒与案件有关的重要事实或者提供虚假证据的；

（七）法律、法规规定应当终止的其他情形。

有上述情形的，法律援助人员应当向法律援助机构报告。法律援助机构经审查核实，决定终止法律援助的，应当制作终止法律援助决定书，并发送受援人，同时函告法律援助人员所属单位和有关机关、单位。法律援助人员所属单位应当与受援人解除委托代理协议。

受援人对法律援助机构终止法律援助的决定有异议的，按照本规定第十九条的规定办理。

第四十八条　法律援助终止情形

有下列情形之一的，法律援助机构应当作出终止法律援助的决定：

（一）受援人以欺骗或者其他不正当手段获得法律援助；

（二）受援人故意隐瞒与案件有关的重要事实或者提供虚假证据；

（三）受援人利用法律援助从事违法活动；

（四）受援人的经济状况发生变化，不再符合法律援助条件；

（五）案件终止审理或者已经被撤销；

（六）受援人自行委托律师或者其他代理人；

（七）受援人有正当理由要求终止法律援助；

（八）法律法规规定的其他情形。

法律援助人员发现有前款规定情形的，应当及时向法律援助机构报告。

行政法规及文件

1. **《法律援助条例》**（2003 年 7 月 21 日）

第 23 条 办理法律援助案件的人员遇有下列情形之一的，应当向法律援助机构报告，法律援助机构经审查核实的，应当终止该项法律援助：

（一）受援人的经济收入状况发生变化，不再符合法律援助条件的；

（二）案件终止审理或者已被撤销的；

（三）受援人又自行委托律师或者其他代理人的；

（四）受援人要求终止法律援助的。

部门规章及文件

2. **《办理法律援助案件程序规定》**（2012 年 4 月 9 日）

第 33 条 有下列情形之一的，应当终止法律援助：

（一）受援人不再符合法律援助经济困难标准的；

（二）案件依法终止审理或者被撤销的；

（三）受援人自行委托其他代理人或者辩护人的；

（四）受援人要求终止法律援助的；

（五）受援人利用法律援助从事违法活动的；

（六）受援人故意隐瞒与案件有关的重要事实或者提供虚假证据的；

（七）法律、法规规定应当终止的其他情形。

有上述情形的，法律援助人员应当向法律援助机构报告。法律援助机构经审查核实，决定终止法律援助的，应当制作终止法律援助决定书，并发送受援人，同时函告法律援助人员所属单位和有关机关、单位。法律援助人员所属单位应当与受援人解除委托代理协议。

受援人对法律援助机构终止法律援助的决定有异议的，按照本规定第十九条的规定办理。

第四十九条　对不予法律援助、终止法律援助决定异议的提出

申请人、受援人对法律援助机构不予法律援助、终止法律援助的决定有异议的，可以向设立该法律援助机构的司法行政部门提出。

司法行政部门应当自收到异议之日起五日内进行审查，作出维持法律援助机构决定或者责令法律援助机构改正的决定。

申请人、受援人对司法行政部门维持法律援助机构决定不服的，可以依法申请行政复议或者提起行政诉讼。

行政法规及文件

1.《法律援助条例》（2003 年 7 月 21 日）

第 19 条　申请人对法律援助机构作出的不符合法律援助条

件的通知有异议的，可以向确定该法律援助机构的司法行政部门提出，司法行政部门应当在收到异议之日起 5 个工作日内进行审查，经审查认为申请人符合法律援助条件的，应当以书面形式责令法律援助机构及时对该申请人提供法律援助。

● 部门规章及文件

2. **《关于刑事诉讼法律援助工作的规定》**（2013 年 2 月 4 日）

第 23 条 申请人对法律援助机构不予援助的决定有异议的，可以向主管该法律援助机构的司法行政机关提出。司法行政机关应当在收到异议之日起 5 个工作日内进行审查，经审查认为申请人符合法律援助条件的，应当以书面形式责令法律援助机构及时对该申请人提供法律援助，同时通知申请人；认为申请人不符合法律援助条件的，应当维持法律援助机构不予援助的决定，并书面告知申请人。

受援人对法律援助机构终止法律援助的决定有异议的，按照前款规定办理。

3. **《办理法律援助案件程序规定》**（2012 年 4 月 9 日）

第 19 条 申请人对法律援助机构不予法律援助的决定有异议的，可以向主管该法律援助机构的司法行政机关提出。

司法行政机关经审查认为申请人符合法律援助条件的，应当以书面形式责令法律援助机构及时对该申请人提供法律援助，同时书面告知申请人；认为申请人不符合法律援助条件的，应当维持法律援助机构不予法律援助的决定，书面告知申请人并说明理由。

第五十条 法律援助事项报告及材料提交

法律援助事项办理结束后，法律援助人员应当及时向法律援助机构报告，提交有关法律文书的副本或者复印件、办理情况报告等材料。

● 行政法规及文件

《法律援助条例》（2003 年 7 月 21 日）

第 24 条　受指派办理法律援助案件的律师或者接受安排办理法律援助案件的社会组织人员在案件结案时，应当向法律援助机构提交有关的法律文书副本或者复印件以及结案报告等材料。

法律援助机构收到前款规定的结案材料后，应当向受指派办理法律援助案件的律师或者接受安排办理法律援助案件的社会组织人员支付法律援助办案补贴。

法律援助办案补贴的标准由省、自治区、直辖市人民政府司法行政部门会同同级财政部门，根据当地经济发展水平，参考法律援助机构办理各类法律援助案件的平均成本等因素核定，并可以根据需要调整。

第五章　保障和监督

第五十一条　法律援助信息共享和工作协同

国家加强法律援助信息化建设，促进司法行政部门与司法机关及其他有关部门实现信息共享和工作协同。

第五十二条　法律援助补贴

法律援助机构应当依照有关规定及时向法律援助人员支付法律援助补贴。

法律援助补贴的标准，由省、自治区、直辖市人民政府司法行政部门会同同级财政部门，根据当地经济发展水平和法律援助的服务类型、承办成本、基本劳务费用等确定，并实行动态调整。

法律援助补贴免征增值税和个人所得税。

● 行政法规及文件

《法律援助条例》（2003 年 7 月 21 日）

第 24 条 受指派办理法律援助案件的律师或者接受安排办理法律援助案件的社会组织人员在案件结案时，应当向法律援助机构提交有关的法律文书副本或者复印件以及结案报告等材料。

法律援助机构收到前款规定的结案材料后，应当向受指派办理法律援助案件的律师或者接受安排办理法律援助案件的社会组织人员支付法律援助办案补贴。

法律援助办案补贴的标准由省、自治区、直辖市人民政府司法行政部门会同同级财政部门，根据当地经济发展水平，参考法律援助机构办理各类法律援助案件的平均成本等因素核定，并可以根据需要调整。

第五十三条 对受援人和法律援助人员费用减免

人民法院应当根据情况对受援人缓收、减收或者免收诉讼费用；对法律援助人员复制相关材料等费用予以免收或者减收。

公证机构、司法鉴定机构应当对受援人减收或者免收公证费、鉴定费。

● 部门规章及文件

1. **《关于刑事诉讼法律援助工作的规定》**（2013 年 2 月 4 日）

第 20 条 人民检察院、人民法院应当对承办律师复制案卷材料的费用予以免收或者减收。

● 司法解释及文件

2. **《关于依法保障律师执业权利的规定》**（2015 年 9 月 16 日）

第 14 条 辩护律师自人民检察院对案件审查起诉之日起，

可以查阅、摘抄、复制本案的案卷材料，人民检察院检察委员会的讨论记录、人民法院合议庭、审判委员会的讨论记录以及其他依法不能公开的材料除外。人民检察院、人民法院应当为辩护律师查阅、摘抄、复制案卷材料提供便利，有条件的地方可以推行电子化阅卷，允许刻录、下载材料。侦查机关应当在案件移送审查起诉后三日以内，人民检察院应当在提起公诉后三日以内，将案件移送情况告知辩护律师。案件提起公诉后，人民检察院对案卷所附证据材料有调整或者补充的，应当及时告知辩护律师。辩护律师对调整或者补充的证据材料，有权查阅、摘抄、复制。辩护律师办理申诉、抗诉案件，在人民检察院、人民法院经审查决定立案后，可以持律师执业证书、律师事务所证明和委托书或者法律援助公函到案卷档案管理部门、持有案卷档案的办案部门查阅、摘抄、复制已经审理终结案件的案卷材料。

辩护律师提出阅卷要求的，人民检察院、人民法院应当当时安排辩护律师阅卷，无法当时安排的，应当向辩护律师说明并安排其在三个工作日以内阅卷，不得限制辩护律师阅卷的次数和时间。有条件的地方可以设立阅卷预约平台。

人民检察院、人民法院应当为辩护律师阅卷提供场所和便利，配备必要的设备。因复制材料发生费用的，只收取工本费用。律师办理法律援助案件复制材料发生的费用，应当予以免收或者减收。辩护律师可以采用复印、拍照、扫描、电子数据拷贝等方式复制案卷材料，可以根据需要带律师助理协助阅卷。办案机关应当核实律师助理的身份。

辩护律师查阅、摘抄、复制的案卷材料属于国家秘密的，应当经过人民检察院、人民法院同意并遵守国家保密规定。律师不得违反规定，披露、散布案件重要信息和案卷材料，或者将其用于本案辩护、代理以外的其他用途。

第五十四条　法律援助人员培训制度

县级以上人民政府司法行政部门应当有计划地对法律援助人员进行培训，提高法律援助人员的专业素质和服务能力。

● 行政法规及文件

《法律援助条例》（2003 年 7 月 21 日）

第 5 条　直辖市、设区的市或者县级人民政府司法行政部门根据需要确定本行政区域的法律援助机构。

法律援助机构负责受理、审查法律援助申请，指派或者安排人员为符合本条例规定的公民提供法律援助。

第五十五条　受援人知情权、投诉权及请求变更权

受援人有权向法律援助机构、法律援助人员了解法律援助事项办理情况；法律援助机构、法律援助人员未依法履行职责的，受援人可以向司法行政部门投诉，并可以请求法律援助机构更换法律援助人员。

● 行政法规及文件

1.《法律援助条例》（2003 年 7 月 21 日）

第 6 条　律师应当依照律师法和本条例的规定履行法律援助义务，为受援人提供符合标准的法律服务，依法维护受援人的合法权益，接受律师协会和司法行政部门的监督。

● 部门规章及文件

2.《办理法律援助案件程序规定》（2012 年 4 月 9 日）

第 32 条　受援人有证据证明法律援助人员不依法履行义务的，可以请求法律援助机构更换法律援助人员。

法律援助机构应当自受援人申请更换之日起 5 个工作日内决定是否更换。决定更换的，应当另行指派或者安排人员承办。对

犯罪嫌疑人、被告人具有应当指定辩护的情形，人民法院、人民检察院、公安机关决定为其另行指定辩护人的，法律援助机构应当另行指派或者安排人员承办。

更换法律援助人员的，原法律援助人员所属单位应当与受援人解除或者变更委托代理协议，原法律援助人员应当与更换后的法律援助人员办理案件材料移交手续。

第五十六条 法律援助工作投诉查处制度

司法行政部门应当建立法律援助工作投诉查处制度；接到投诉后，应当依照有关规定受理和调查处理，并及时向投诉人告知处理结果。

● 部门规章及文件

1. **《基层法律服务工作者管理办法》**（2017 年 12 月 25 日）

第 50 条 司法行政机关应当建立对基层法律服务工作者执业的投诉监督制度，设立投诉电话、投诉信箱，受理当事人和其他公民对基层法律服务工作者违法违纪行为的投诉，将调查处理结果告知投诉人。

2. **《法律援助投诉处理办法》**（2013 年 11 月 19 日）

第 1 条 为规范法律援助投诉处理工作，加强对法律援助活动的监督，维护投诉人和被投诉人合法权益，根据《中华人民共和国律师法》、《法律援助条例》等法律、行政法规，制定本办法。

第 2 条 本办法所称投诉，是指法律援助申请人、受援人或者利害关系人（以下简称投诉人）认为法律援助机构、律师事务所、基层法律服务所、其他社会组织和法律援助人员（以下简称被投诉人）在法律援助活动中有违法违规行为，向司法行政机关投诉，请求予以处理的行为。

第 3 条　法律援助投诉处理工作，应当遵循属地管理、分级负责，依法查处，处罚与教育相结合的原则。

第 4 条　司法行政机关应当向社会公示法律援助投诉地址、电话、传真、电子邮箱及投诉事项范围、投诉处理程序等信息。

第 5 条　有下列情形之一的，投诉人可以向主管该法律援助机构的司法行政机关投诉：

（一）违反规定办理法律援助受理、审查事项，或者违反规定指派、安排法律援助人员的；

（二）法律援助人员接受指派或安排后，懈怠履行或者擅自停止履行法律援助职责的；

（三）办理法律援助案件收取财物的；

（四）其他违反法律援助管理规定的行为。

第 6 条　投诉人提出投诉，应当采取书信、传真或者电子邮件等书面形式；书面形式投诉确有困难的，可以口头提出，司法行政机关应当当场记录投诉人的基本情况、投诉请求、主要事实、理由和时间，并由投诉人签字或者捺印。

投诉人应当如实投诉，对其所提供材料真实性负责。

第 7 条　投诉人委托他人进行投诉的，应当向司法行政机关提交授权委托书，并载明委托权限。

第 8 条　符合下列条件的投诉，司法行政机关应当予以受理：

（一）具有投诉人主体资格；

（二）有明确的被投诉人和投诉请求；

（三）有具体的投诉事实和理由；

（四）属于本机关管辖范围；

（五）属于本办法规定的投诉事项范围。

第 9 条　有下列情形之一的，不予受理：

（一）投诉事项已经依法处理，且没有新的事实和证据的；

（二）投诉事项正在通过诉讼、行政复议等法定程序解决的，或者已被信访、纪检监察等部门受理的；

（三）投诉人仅对法律援助案件办理结果有异议的；

（四）投诉事项不属于违反法律援助管理规定的。

第10条 司法行政机关收到投诉后，应当填写《法律援助投诉登记表》，并在5个工作日内作出以下处理：

（一）对于符合本办法规定的，应当受理并向投诉人发送《法律援助投诉受理通知书》；

（二）对于不符合本办法规定的，不予受理并向投诉人发送《法律援助投诉不予受理通知书》。

第11条 司法行政机关受理投诉后，应当及时调查核实。调查应当全面、客观、公正。调查工作不得妨碍被投诉人正常的法律援助活动。

第12条 司法行政机关进行调查，可以要求被投诉人说明情况、提交有关材料，调阅被投诉人有关业务案卷和档案材料，向有关单位、个人核实情况、收集证据，听取有关部门的意见和建议。

调查应当由两名以上工作人员进行，并制作笔录。调查笔录应当由被调查人签字或者捺印。

第13条 司法行政机关在调查过程中，发现被投诉人的违法违规行为仍处在连续或者继续状态的，应当责令被投诉人立即停止违法违规行为。

第14条 司法行政机关应当根据调查结果，作出如下处理：

（一）对有应当给予行政处罚或者纪律处分的违法违规行为的，依职权或者移送有权处理机关、单位给予行政处罚、行业惩戒或者纪律处分；

（二）对违法违规行为情节轻微并及时纠正，没有造成危害后果，依法不予行政处罚或者纪律处分的，应当给予批评教育、通报批评、责令限期整改等处理；

（三）投诉事项查证不实或者无法查实的，对被投诉人不作处理。

对涉嫌犯罪的，移送司法机关依法追究刑事责任。

第15条　司法行政机关受理投诉后，一般应当在45日内办结；投诉事项复杂的，经本机关负责人批准，可以适当延长办理期限。

延长办理期限的，应当书面告知投诉人并说明理由。

第16条　司法行政机关应当自作出处理决定之日起5个工作日内，向投诉人发送《法律援助投诉处理答复书》。

第17条　投诉人对司法行政机关投诉处理答复不服的，可以依法申请行政复议或提起行政诉讼。

第18条　作出处理决定的司法行政机关应当对被投诉人执行处理决定的情况进行监督。发现问题的，应当及时纠正。

第19条　司法行政机关应当建立投诉处理档案，一事一卷。归档材料包括投诉登记、受理决定、调查材料、处理决定或处理意见、投诉处理答复等。

第20条　上级司法行政机关应当加强对下级司法行政机关开展法律援助投诉处理工作的监督和指导。发现投诉处理违法的，应当及时纠正。

第21条　本办法自2014年1月1日起施行。

第五十七条　法律援助服务的监督、服务质量标准和质量考核

司法行政部门应当加强对法律援助服务的监督，制定法律援助服务质量标准，通过第三方评估等方式定期进行质量考核。

● 行政法规及文件

《法律援助条例》（2003年7月21日）

第6条　律师应当依照律师法和本条例的规定履行法律援助

义务，为受援人提供符合标准的法律服务，依法维护受援人的合法权益，接受律师协会和司法行政部门的监督。

第26条 法律援助机构及其工作人员有下列情形之一的，对直接负责的主管人员以及其他直接责任人员依法给予纪律处分：

（一）为不符合法律援助条件的人员提供法律援助，或者拒绝为符合法律援助条件的人员提供法律援助的；

（二）办理法律援助案件收取财物的；

（三）从事有偿法律服务的；

（四）侵占、私分、挪用法律援助经费的。

办理法律援助案件收取的财物，由司法行政部门责令退还；从事有偿法律服务的违法所得，由司法行政部门予以没收；侵占、私分、挪用法律援助经费的，由司法行政部门责令追回，情节严重，构成犯罪的，依法追究刑事责任。

第五十八条 法律援助信息公开制度

司法行政部门、法律援助机构应当建立法律援助信息公开制度，定期向社会公布法律援助资金使用、案件办理、质量考核结果等情况，接受社会监督。

● 部门规章及文件

《基层法律服务所管理办法》（2017年12月25日）

第24条 基层法律服务所组织基层法律服务工作者开展业务活动，应当遵守下列要求：

（一）严格执行司法部关于基层法律服务业务范围、工作原则和服务程序的规定，建立统一收案、统一委派、疑难法律事务集体讨论、重要案件报告等制度；

（二）建立对基层法律服务工作者遵守职业道德、执业纪律和服务质量、效率的检查、监督、考评制度；

（三）接受国家、社会和委托人的监督；

（四）由基层法律服务所按照有关规定统一收取服务费，公开收费项目和收费标准，严格遵守基层法律服务收费管理制度；

（五）对符合规定条件的当事人提供法律援助；

（六）建立健全基层法律服务业务档案管理制度。

第五十九条 法律援助服务质量监督

法律援助机构应当综合运用庭审旁听、案卷检查、征询司法机关意见和回访受援人等措施，督促法律援助人员提升服务质量。

部门规章及文件

《办理法律援助案件程序规定》（2012 年 4 月 9 日）

第 29 条 对于人民法院开庭审理的刑事案件，法律援助人员应当做好开庭前准备；庭审中充分陈述、质证；庭审结束后，法律援助人员应当向人民法院提交刑事辩护或者代理书面意见。

对于人民法院决定不开庭审理的指定辩护案件，法律援助人员应当自收到法律援助机构指派函之日起 10 日内向人民法院提交刑事辩护书面意见。对于其他不开庭审理的刑事案件，法律援助人员应当按照人民法院规定的期限提交刑事辩护或者代理书面意见。

第 33 条 有下列情形之一的，应当终止法律援助：

（一）受援人不再符合法律援助经济困难标准的；

（二）案件依法终止审理或者被撤销的；

（三）受援人自行委托其他代理人或者辩护人的；

（四）受援人要求终止法律援助的；

（五）受援人利用法律援助从事违法活动的；

（六）受援人故意隐瞒与案件有关的重要事实或者提供虚假证据的；

（七）法律、法规规定应当终止的其他情形。

有上述情形的，法律援助人员应当向法律援助机构报告。法律援助机构经审查核实，决定终止法律援助的，应当制作终止法律援助决定书，并发送受援人，同时函告法律援助人员所属单位和有关机关、单位。法律援助人员所属单位应当与受援人解除委托代理协议。

受援人对法律援助机构终止法律援助的决定有异议的，按照本规定第十九条的规定办理。

第六十条 律师事务所、律师履行法律援助义务年度考核

律师协会应当将律师事务所、律师履行法律援助义务的情况纳入年度考核内容，对拒不履行或者怠于履行法律援助义务的律师事务所、律师，依照有关规定进行惩戒。

● 部门规章及文件

《律师事务所年度检查考核办法》（2010 年 4 月 8 日）

第 16 条 律师事务所接受年度检查考核，应当在完成对本所律师执业年度考核和本所执业、管理情况总结后，依据本办法规定的检查考核内容，按照规定时间，向所在地的县级司法行政机关报送本所上一年度执业情况报告和对本所律师执业年度考核的情况，并提交下列材料：

（一）年度财务审计报告；

（二）开展业务活动的统计报表；

（三）纳税凭证；

（四）年度内被获准的重大变更事项的批件；

（五）获得行政或者行业表彰奖励、受到行政处罚或者行业惩戒的证明材料；

（六）建立执业风险、事业发展等基金的证明材料；

（七）为聘用律师和辅助人员办理养老、失业、医疗等社会保险的证明材料；

（八）履行法律援助义务、参加社会服务及其他社会公益活动的证明材料；

（九）履行律师协会会员义务的证明材料；

（十）省、自治区、直辖市司法行政机关要求提供的其他材料。

第六章 法律责任

第六十一条 法律援助机构及其工作人员法律责任

法律援助机构及其工作人员有下列情形之一的，由设立该法律援助机构的司法行政部门责令限期改正；有违法所得的，责令退还或者没收违法所得；对直接负责的主管人员和其他直接责任人员，依法给予处分：

（一）拒绝为符合法律援助条件的人员提供法律援助，或者故意为不符合法律援助条件的人员提供法律援助；

（二）指派不符合本法规定的人员提供法律援助；

（三）收取受援人财物；

（四）从事有偿法律服务；

（五）侵占、私分、挪用法律援助经费；

（六）泄露法律援助过程中知悉的国家秘密、商业秘密和个人隐私；

（七）法律法规规定的其他情形。

● **行政法规及文件**

《法律援助条例》（2003 年 7 月 21 日）

第 26 条 法律援助机构及其工作人员有下列情形之一的，对直接负责的主管人员以及其他直接责任人员依法给予纪律处分：

（一）为不符合法律援助条件的人员提供法律援助，或者拒绝为符合法律援助条件的人员提供法律援助的；

（二）办理法律援助案件收取财物的；

（三）从事有偿法律服务的；

（四）侵占、私分、挪用法律援助经费的。

办理法律援助案件收取的财物，由司法行政部门责令退还；从事有偿法律服务的违法所得，由司法行政部门予以没收；侵占、私分、挪用法律援助经费的，由司法行政部门责令追回，情节严重，构成犯罪的，依法追究刑事责任。

第 28 条　律师有下列情形之一的，由司法行政部门给予警告、责令改正；情节严重的，给予 1 个月以上 3 个月以下停止执业的处罚：

（一）无正当理由拒绝接受、擅自终止法律援助案件的；

（二）办理法律援助案件收取财物的。

有前款第（二）项违法行为的，由司法行政部门责令退还违法所得的财物，可以并处所收财物价值 1 倍以上 3 倍以下的罚款。

第 29 条　律师办理法律援助案件违反职业道德和执业纪律的，按照律师法的规定予以处罚。

第六十二条　律师事务所、基层法律服务所法律责任

律师事务所、基层法律服务所有下列情形之一的，由司法行政部门依法给予处罚：

（一）无正当理由拒绝接受法律援助机构指派；

（二）接受指派后，不及时安排本所律师、基层法律服务工作者办理法律援助事项或者拒绝为本所律师、基层法律服务工作者办理法律援助事项提供支持和保障；

（三）纵容或者放任本所律师、基层法律服务工作者怠于履行法律援助义务或者擅自终止提供法律援助；

（四）法律法规规定的其他情形。

第六十三条 律师、基层法律服务工作者责任

律师、基层法律服务工作者有下列情形之一的，由司法行政部门依法给予处罚：

（一）无正当理由拒绝履行法律援助义务或者怠于履行法律援助义务；

（二）擅自终止提供法律援助；

（三）收取受援人财物；

（四）泄露法律援助过程中知悉的国家秘密、商业秘密和个人隐私；

（五）法律法规规定的其他情形。

第六十四条 受援人法律责任

受援人以欺骗或者其他不正当手段获得法律援助的，由司法行政部门责令其支付已实施法律援助的费用，并处三千元以下罚款。

第六十五条 冒用法律援助名义提供法律服务并谋利的法律责任

违反本法规定，冒用法律援助名义提供法律服务并谋取利益的，由司法行政部门责令改正，没收违法所得，并处违法所得一倍以上三倍以下罚款。

第六十六条　国家机关及其工作人员渎职的责任

国家机关及其工作人员在法律援助工作中滥用职权、玩忽职守、徇私舞弊的，对直接负责的主管人员和其他直接责任人员，依法给予处分。

● **行政法规及文件**

《法律援助条例》（2003年7月21日）

第30条　司法行政部门工作人员在法律援助的监督管理工作中，有滥用职权、玩忽职守行为的，依法给予行政处分；情节严重，构成犯罪的，依法追究刑事责任。

第六十七条　刑事责任

违反本法规定，构成犯罪的，依法追究刑事责任。

第七章　附　　则

第六十八条　群团组织开展法律援助的法律适用

工会、共产主义青年团、妇女联合会、残疾人联合会等群团组织开展法律援助工作，参照适用本法的相关规定。

● **行政法规及文件**

《残疾人就业条例》（2007年2月25日）

第24条　残疾人职工与用人单位发生争议的，当地法律援助机构应当依法为其提供法律援助，各级残疾人联合会应当给予支持和帮助。

第六十九条 对外国人和无国籍人提供法律援助的法律适用

对外国人和无国籍人提供法律援助，我国法律有规定的，适用法律规定；我国法律没有规定的，可以根据我国缔结或者参加的国际条约，或者按照互惠原则，参照适用本法的相关规定。

● **法 律**

《刑事诉讼法》（2018 年 10 月 26 日）

第 18 条 根据中华人民共和国缔结或者参加的国际条约，或者按照互惠原则，我国司法机关和外国司法机关可以相互请求刑事司法协助。

第七十条 对军人军属提供法律援助办法的制定

对军人军属提供法律援助的具体办法，由国务院和中央军事委员会有关部门制定。

第七十一条 施行日期

本法自 2022 年 1 月 1 日起施行。

附录一

中华人民共和国律师法

（1996年5月15日第八届全国人民代表大会常务委员会第十九次会议通过　根据2001年12月29日第九届全国人民代表大会常务委员会第二十五次会议《关于修改〈中华人民共和国律师法〉的决定》第一次修正　2007年10月28日第十届全国人民代表大会常务委员会第三十次会议修订　根据2012年10月26日第十一届全国人民代表大会常务委员会第二十九次会议《关于修改〈中华人民共和国律师法〉的决定》第二次修正　根据2017年9月1日第十二届全国人民代表大会常务委员会第二十九次会议《关于修改〈中华人民共和国法官法〉等八部法律的决定》第三次修正）

目　录

第一章　总　　则

第一条　为了完善律师制度，规范律师执业行为，保障律师依法执业，发挥律师在社会主义法制建设中的作用，制定本法。

第二条　本法所称律师，是指依法取得律师执业证书，接受委托或者指定，为当事人提供法律服务的执业人员。

律师应当维护当事人合法权益，维护法律正确实施，维护社会公平和正义。

第三条　律师执业必须遵守宪法和法律，恪守律师职业道德和执业纪律。

律师执业必须以事实为根据，以法律为准绳。

律师执业应当接受国家、社会和当事人的监督。

律师依法执业受法律保护，任何组织和个人不得侵害律师的合法权益。

第四条　司法行政部门依照本法对律师、律师事务所和律师协会进行监督、指导。

第二章　律师执业许可

第五条　申请律师执业，应当具备下列条件：

（一）拥护中华人民共和国宪法；

（二）通过国家统一法律职业资格考试取得法律职业资格；

（三）在律师事务所实习满一年；

（四）品行良好。

实行国家统一法律职业资格考试前取得的国家统一司法考试合格证书、律师资格凭证，与国家统一法律职业资格证书具有同等效力。

第六条　申请律师执业，应当向设区的市级或者直辖市的区人民政府司法行政部门提出申请，并提交下列材料：

（一）国家统一法律职业资格证书；

（二）律师协会出具的申请人实习考核合格的材料；

（三）申请人的身份证明；

（四）律师事务所出具的同意接收申请人的证明。

申请兼职律师执业的，还应当提交所在单位同意申请人兼职从事律师职业的证明。

受理申请的部门应当自受理之日起二十日内予以审查，并将审查意见和全部申请材料报送省、自治区、直辖市人民政府司法行政部门。省、自治区、直辖市人民政府司法行政部门应当自收到报送材料之日起十日内予以审核，作出是否准予执业的决定。准予执业的，向申请人颁发律师执业证书；不准予执业的，向申请人书面说明理由。

第七条 申请人有下列情形之一的，不予颁发律师执业证书：

（一）无民事行为能力或者限制民事行为能力的；

（二）受过刑事处罚的，但过失犯罪的除外；

（三）被开除公职或者被吊销律师、公证员执业证书的。

第八条 具有高等院校本科以上学历，在法律服务人员紧缺领域从事专业工作满十五年，具有高级职称或者同等专业水平并具有相应的专业法律知识的人员，申请专职律师执业的，经国务院司法行政部门考核合格，准予执业。具体办法由国务院规定。

第九条 有下列情形之一的，由省、自治区、直辖市人民政府司法行政部门撤销准予执业的决定，并注销被准予执业人员的律师执业证书：

（一）申请人以欺诈、贿赂等不正当手段取得律师执业证书的；

（二）对不符合本法规定条件的申请人准予执业的。

第十条 律师只能在一个律师事务所执业。律师变更执业机构的，应当申请换发律师执业证书。

律师执业不受地域限制。

第十一条 公务员不得兼任执业律师。

律师担任各级人民代表大会常务委员会组成人员的，任职期间不得从事诉讼代理或者辩护业务。

第十二条 高等院校、科研机构中从事法学教育、研究工作的人员，符合本法第五条规定条件的，经所在单位同意，依照本法第六条规定的程序，可以申请兼职律师执业。

第十三条 没有取得律师执业证书的人员，不得以律师名义从事法律服务业务；除法律另有规定外，不得从事诉讼代理或者辩护业务。

第三章 律师事务所

第十四条 律师事务所是律师的执业机构。设立律师事务所应当具备下列条件：

（一）有自己的名称、住所和章程；

（二）有符合本法规定的律师；

（三）设立人应当是具有一定的执业经历，且三年内未受过停止执业处罚的律师；

（四）有符合国务院司法行政部门规定数额的资产。

第十五条 设立合伙律师事务所，除应当符合本法第十四条规定的条件外，还应当有三名以上合伙人，设立人应当是具有三年以上执业经历的律师。

合伙律师事务所可以采用普通合伙或者特殊的普通合伙形式设立。合伙律师事务所的合伙人按照合伙形式对该律师事务所的债务依法承担责任。

第十六条 设立个人律师事务所，除应当符合本法第十四条规定的条件外，设立人还应当是具有五年以上执业经历的律师。设立人对律师事务所的债务承担无限责任。

第十七条 申请设立律师事务所，应当提交下列材料：

（一）申请书；

（二）律师事务所的名称、章程；

（三）律师的名单、简历、身份证明、律师执业证书；

（四）住所证明；

（五）资产证明。

设立合伙律师事务所，还应当提交合伙协议。

第十八条 设立律师事务所，应当向设区的市级或者直辖市的区人民政府司法行政部门提出申请，受理申请的部门应当自受理之日起二十日内予以审查，并将审查意见和全部申请材料报送省、自治区、直辖市人民政府司法行政部门。省、自治区、直辖市人民政府司法行政部门应当自收到报送材料之日起十日内予以审核，作出是否准予设立的决定。准予设立的，向申请人颁发律师事务所执业证书；不准予设立的，向申请人书面说明理由。

第十九条 成立三年以上并具有二十名以上执业律师的合伙律师事务所，可以设立分所。设立分所，须经拟设立分所所在地的省、自治区、直辖市人民政府司法行政部门审核。申请设立分所的，依照本法第十八条规定的程序办理。

合伙律师事务所对其分所的债务承担责任。

第二十条 国家出资设立的律师事务所，依法自主开展律师业务，以该律师事务所的全部资产对其债务承担责任。

第二十一条 律师事务所变更名称、负责人、章程、合伙协议的，应当报原审核部门批准。

律师事务所变更住所、合伙人的，应当自变更之日起十五日内报原审核部门备案。

第二十二条 律师事务所有下列情形之一的，应当终止：

（一）不能保持法定设立条件，经限期整改仍不符合条件的；

（二）律师事务所执业证书被依法吊销的；

（三）自行决定解散的；

（四）法律、行政法规规定应当终止的其他情形。

律师事务所终止的，由颁发执业证书的部门注销该律师事务所的执业证书。

第二十三条 律师事务所应当建立健全执业管理、利益冲突审查、收费与财务管理、投诉查处、年度考核、档案管理等制度，对律师在执业活动中遵守职业道德、执业纪律的情况进行监督。

第二十四条 律师事务所应当于每年的年度考核后，向设区的市级或者直辖市的区人民政府司法行政部门提交本所的年度执业情况报告和律师执业考核结果。

第二十五条 律师承办业务，由律师事务所统一接受委托，与委托人签订书面委托合同，按照国家规定统一收取费用并如实入账。

律师事务所和律师应当依法纳税。

第二十六条 律师事务所和律师不得以诋毁其他律师事务所、律师或者支付介绍费等不正当手段承揽业务。

第二十七条 律师事务所不得从事法律服务以外的经营活动。

第四章 律师的业务和权利、义务

第二十八条 律师可以从事下列业务：

（一）接受自然人、法人或者其他组织的委托，担任法律顾问；

（二）接受民事案件、行政案件当事人的委托，担任代理人，参加诉讼；

（三）接受刑事案件犯罪嫌疑人、被告人的委托或者依法接受法律援助机构的指派，担任辩护人，接受自诉案件自诉人、公诉案件被害人或者其近亲属的委托，担任代理人，参加诉讼；

（四）接受委托，代理各类诉讼案件的申诉；

（五）接受委托，参加调解、仲裁活动；

（六）接受委托，提供非诉讼法律服务；

（七）解答有关法律的询问、代写诉讼文书和有关法律事务的其他文书。

第二十九条 律师担任法律顾问的，应当按照约定为委托人就有关法律问题提供意见，草拟、审查法律文书，代理参加诉讼、调解或者仲裁活动，办理委托的其他法律事务，维护委托人的合法权益。

第三十条 律师担任诉讼法律事务代理人或者非诉讼法律事务代理人的，应当在受委托的权限内，维护委托人的合法权益。

第三十一条 律师担任辩护人的，应当根据事实和法律，提出犯罪嫌疑人、被告人无罪、罪轻或者减轻、免除其刑事责任的材料和意见，维护犯罪嫌疑人、被告人的诉讼权利和其他合法权益。

第三十二条 委托人可以拒绝已委托的律师为其继续辩护或者代理，同时可以另行委托律师担任辩护人或者代理人。

律师接受委托后，无正当理由的，不得拒绝辩护或者代理。但是，委托事项违法、委托人利用律师提供的服务从事违法活动或者委托人故意隐瞒与案件有关的重要事实的，律师有权拒绝辩护或者代理。

第三十三条 律师担任辩护人的，有权持律师执业证书、律师事务所证明和委托书或者法律援助公函，依照刑事诉讼法的规定会见在押或者被监视居住的犯罪嫌疑人、被告人。辩护律师会见犯罪嫌疑人、被告人时不被监听。

第三十四条 律师担任辩护人的，自人民检察院对案件审查起诉之日起，有权查阅、摘抄、复制本案的案卷材料。

第三十五条 受委托的律师根据案情的需要，可以申请人民检察院、人民法院收集、调取证据或者申请人民法院通知证人出庭作证。

律师自行调查取证的，凭律师执业证书和律师事务所证明，可以向有关单位或者个人调查与承办法律事务有关的情况。

第三十六条 律师担任诉讼代理人或者辩护人的，其辩论或者辩护的权利依法受到保障。

第三十七条 律师在执业活动中的人身权利不受侵犯。

律师在法庭上发表的代理、辩护意见不受法律追究。但是，发表危害国家安全、恶意诽谤他人、严重扰乱法庭秩序的言论除外。

律师在参与诉讼活动中涉嫌犯罪的，侦查机关应当及时通知其所在的律师事务所或者所属的律师协会；被依法拘留、逮捕的，侦查机关应当依照刑事诉讼法的规定通知该律师的家属。

第三十八条 律师应当保守在执业活动中知悉的国家秘密、商业秘密，不得泄露当事人的隐私。

律师对在执业活动中知悉的委托人和其他人不愿泄露的有关情

况和信息，应当予以保密。但是，委托人或者其他人准备或者正在实施危害国家安全、公共安全以及严重危害他人人身安全的犯罪事实和信息除外。

第三十九条 律师不得在同一案件中为双方当事人担任代理人，不得代理与本人或者其近亲属有利益冲突的法律事务。

第四十条 律师在执业活动中不得有下列行为：

（一）私自接受委托、收取费用，接受委托人的财物或者其他利益；

（二）利用提供法律服务的便利牟取当事人争议的权益；

（三）接受对方当事人的财物或者其他利益，与对方当事人或者第三人恶意串通，侵害委托人的权益；

（四）违反规定会见法官、检察官、仲裁员以及其他有关工作人员；

（五）向法官、检察官、仲裁员以及其他有关工作人员行贿，介绍贿赂或者指使、诱导当事人行贿，或者以其他不正当方式影响法官、检察官、仲裁员以及其他有关工作人员依法办理案件；

（六）故意提供虚假证据或者威胁、利诱他人提供虚假证据，妨碍对方当事人合法取得证据；

（七）煽动、教唆当事人采取扰乱公共秩序、危害公共安全等非法手段解决争议；

（八）扰乱法庭、仲裁庭秩序，干扰诉讼、仲裁活动的正常进行。

第四十一条 曾经担任法官、检察官的律师，从人民法院、人民检察院离任后二年内，不得担任诉讼代理人或者辩护人。

第四十二条 律师、律师事务所应当按照国家规定履行法律援助义务，为受援人提供符合标准的法律服务，维护受援人的合法权益。

第五章 律师协会

第四十三条 律师协会是社会团体法人，是律师的自律性组织。

全国设立中华全国律师协会，省、自治区、直辖市设立地方律师协会，设区的市根据需要可以设立地方律师协会。

第四十四条 全国律师协会章程由全国会员代表大会制定，报国务院司法行政部门备案。

地方律师协会章程由地方会员代表大会制定，报同级司法行政部门备案。地方律师协会章程不得与全国律师协会章程相抵触。

第四十五条 律师、律师事务所应当加入所在地的地方律师协会。加入地方律师协会的律师、律师事务所，同时是全国律师协会的会员。

律师协会会员享有律师协会章程规定的权利，履行律师协会章程规定的义务。

第四十六条 律师协会应当履行下列职责：

（一）保障律师依法执业，维护律师的合法权益；

（二）总结、交流律师工作经验；

（三）制定行业规范和惩戒规则；

（四）组织律师业务培训和职业道德、执业纪律教育，对律师的执业活动进行考核；

（五）组织管理申请律师执业人员的实习活动，对实习人员进行考核；

（六）对律师、律师事务所实施奖励和惩戒；

（七）受理对律师的投诉或者举报，调解律师执业活动中发生的纠纷，受理律师的申诉；

（八）法律、行政法规、规章以及律师协会章程规定的其他职责。

律师协会制定的行业规范和惩戒规则，不得与有关法律、行政法规、规章相抵触。

第六章 法律责任

第四十七条 律师有下列行为之一的，由设区的市级或者直辖市的区人民政府司法行政部门给予警告，可以处五千元以下的罚款；有违法所得的，没收违法所得；情节严重的，给予停止执业三个月以下的处罚：

（一）同时在两个以上律师事务所执业的；

（二）以不正当手段承揽业务的；

（三）在同一案件中为双方当事人担任代理人，或者代理与本人及其近亲属有利益冲突的法律事务的；

（四）从人民法院、人民检察院离任后二年内担任诉讼代理人或者辩护人的；

（五）拒绝履行法律援助义务的。

第四十八条 律师有下列行为之一的，由设区的市级或者直辖市的区人民政府司法行政部门给予警告，可以处一万元以下的罚款；有违法所得的，没收违法所得；情节严重的，给予停止执业三个月以上六个月以下的处罚：

（一）私自接受委托、收取费用，接受委托人财物或者其他利益的；

（二）接受委托后，无正当理由，拒绝辩护或者代理，不按时出庭参加诉讼或者仲裁的；

（三）利用提供法律服务的便利牟取当事人争议的权益的；

（四）泄露商业秘密或者个人隐私的。

第四十九条 律师有下列行为之一的，由设区的市级或者直辖市的区人民政府司法行政部门给予停止执业六个月以上一年以下的处罚，可以处五万元以下的罚款；有违法所得的，没收违法所得；情节严重的，由省、自治区、直辖市人民政府司法行政部门吊销其律师执业证书；构成犯罪的，依法追究刑事责任：

（一）违反规定会见法官、检察官、仲裁员以及其他有关工作人员，或者以其他不正当方式影响依法办理案件的；

（二）向法官、检察官、仲裁员以及其他有关工作人员行贿，介绍贿赂或者指使、诱导当事人行贿的；

（三）向司法行政部门提供虚假材料或者有其他弄虚作假行为的；

（四）故意提供虚假证据或者威胁、利诱他人提供虚假证据，妨碍对方当事人合法取得证据的；

（五）接受对方当事人财物或者其他利益，与对方当事人或者第三人恶意串通，侵害委托人权益的；

（六）扰乱法庭、仲裁庭秩序，干扰诉讼、仲裁活动的正常进行的；

（七）煽动、教唆当事人采取扰乱公共秩序、危害公共安全等非法手段解决争议的；

（八）发表危害国家安全、恶意诽谤他人、严重扰乱法庭秩序的言论的；

（九）泄露国家秘密的。

律师因故意犯罪受到刑事处罚的，由省、自治区、直辖市人民政府司法行政部门吊销其律师执业证书。

第五十条 律师事务所有下列行为之一的，由设区的市级或者直辖市的区人民政府司法行政部门视其情节给予警告、停业整顿一个月以上六个月以下的处罚，可以处十万元以下的罚款；有违法所得的，没收违法所得；情节特别严重的，由省、自治区、直辖市人民政府司法行政部门吊销律师事务所执业证书：

（一）违反规定接受委托、收取费用的；

（二）违反法定程序办理变更名称、负责人、章程、合伙协议、住所、合伙人等重大事项的；

（三）从事法律服务以外的经营活动的；

（四）以诋毁其他律师事务所、律师或者支付介绍费等不正当手段承揽业务的；

（五）违反规定接受有利益冲突的案件的；

（六）拒绝履行法律援助义务的；

（七）向司法行政部门提供虚假材料或者有其他弄虚作假行

为的；

（八）对本所律师疏于管理，造成严重后果的。

律师事务所因前款违法行为受到处罚的，对其负责人视情节轻重，给予警告或者处二万元以下的罚款。

第五十一条 律师因违反本法规定，在受到警告处罚后一年内又发生应当给予警告处罚情形的，由设区的市级或者直辖市的区人民政府司法行政部门给予停止执业三个月以上一年以下的处罚；在受到停止执业处罚期满后二年内又发生应当给予停止执业处罚情形的，由省、自治区、直辖市人民政府司法行政部门吊销其律师执业证书。

律师事务所因违反本法规定，在受到停业整顿处罚期满后二年内又发生应当给予停业整顿处罚情形的，由省、自治区、直辖市人民政府司法行政部门吊销律师事务所执业证书。

第五十二条 县级人民政府司法行政部门对律师和律师事务所的执业活动实施日常监督管理，对检查发现的问题，责令改正；对当事人的投诉，应当及时进行调查。县级人民政府司法行政部门认为律师和律师事务所的违法行为应当给予行政处罚的，应当向上级司法行政部门提出处罚建议。

第五十三条 受到六个月以上停止执业处罚的律师，处罚期满未逾三年的，不得担任合伙人。

被吊销律师执业证书的，不得担任辩护人、诉讼代理人，但系刑事诉讼、民事诉讼、行政诉讼当事人的监护人、近亲属的除外。

第五十四条 律师违法执业或者因过错给当事人造成损失的，由其所在的律师事务所承担赔偿责任。律师事务所赔偿后，可以向有故意或者重大过失行为的律师追偿。

第五十五条 没有取得律师执业证书的人员以律师名义从事法律服务业务的，由所在地的县级以上地方人民政府司法行政部门责令停止非法执业，没收违法所得，处违法所得一倍以上五倍以下的罚款。

第五十六条 司法行政部门工作人员违反本法规定，滥用职权、玩忽职守，构成犯罪的，依法追究刑事责任；尚不构成犯罪的，依法给予处分。

第七章 附 则

第五十七条 为军队提供法律服务的军队律师，其律师资格的取得和权利、义务及行为准则，适用本法规定。军队律师的具体管理办法，由国务院和中央军事委员会制定。

第五十八条 外国律师事务所在中华人民共和国境内设立机构从事法律服务活动的管理办法，由国务院制定。

第五十九条 律师收费办法，由国务院价格主管部门会同国务院司法行政部门制定。

第六十条 本法自 2008 年 6 月 1 日起施行。

中华人民共和国老年人权益保障法

（1996年8月29日第八届全国人民代表大会常务委员会第二十一次会议通过　根据2009年8月27日第十一届全国人民代表大会常务委员会第十次会议《关于修改部分法律的决定》第一次修正　2012年12月28日第十一届全国人民代表大会常务委员会第三十次会议修订　根据2015年4月24日第十二届全国人民代表大会常务委员会第十四次会议《关于修改〈中华人民共和国电力法〉等六部法律的决定》第二次修正　根据2018年12月29日第十三届全国人民代表大会常务委员会第七次会议《关于修改〈中华人民共和国劳动法〉等七部法律的决定》第三次修正）

目　　录

第一章　总　　则

第一条　为了保障老年人合法权益，发展老龄事业，弘扬中华民族敬老、养老、助老的美德，根据宪法，制定本法。

第二条 本法所称老年人是指六十周岁以上的公民。

第三条 国家保障老年人依法享有的权益。

老年人有从国家和社会获得物质帮助的权利，有享受社会服务和社会优待的权利，有参与社会发展和共享发展成果的权利。

禁止歧视、侮辱、虐待或者遗弃老年人。

第四条 积极应对人口老龄化是国家的一项长期战略任务。

国家和社会应当采取措施，健全保障老年人权益的各项制度，逐步改善保障老年人生活、健康、安全以及参与社会发展的条件，实现老有所养、老有所医、老有所为、老有所学、老有所乐。

第五条 国家建立多层次的社会保障体系，逐步提高对老年人的保障水平。

国家建立和完善以居家为基础、社区为依托、机构为支撑的社会养老服务体系。

倡导全社会优待老年人。

第六条 各级人民政府应当将老龄事业纳入国民经济和社会发展规划，将老龄事业经费列入财政预算，建立稳定的经费保障机制，并鼓励社会各方面投入，使老龄事业与经济、社会协调发展。

国务院制定国家老龄事业发展规划。县级以上地方人民政府根据国家老龄事业发展规划，制定本行政区域的老龄事业发展规划和年度计划。

县级以上人民政府负责老龄工作的机构，负责组织、协调、指导、督促有关部门做好老年人权益保障工作。

第七条 保障老年人合法权益是全社会的共同责任。

国家机关、社会团体、企业事业单位和其他组织应当按照各自职责，做好老年人权益保障工作。

基层群众性自治组织和依法设立的老年人组织应当反映老年人的要求，维护老年人合法权益，为老年人服务。

提倡、鼓励义务为老年人服务。

第八条 国家进行人口老龄化国情教育，增强全社会积极应对人口老龄化意识。

全社会应当广泛开展敬老、养老、助老宣传教育活动，树立尊重、关心、帮助老年人的社会风尚。

青少年组织、学校和幼儿园应当对青少年和儿童进行敬老、养老、助老的道德教育和维护老年人合法权益的法制教育。

广播、电影、电视、报刊、网络等应当反映老年人的生活，开展维护老年人合法权益的宣传，为老年人服务。

第九条 国家支持老龄科学研究，建立老年人状况统计调查和发布制度。

第十条 各级人民政府和有关部门对维护老年人合法权益和敬老、养老、助老成绩显著的组织、家庭或者个人，对参与社会发展做出突出贡献的老年人，按照国家有关规定给予表彰或者奖励。

第十一条 老年人应当遵纪守法，履行法律规定的义务。

第十二条 每年农历九月初九为老年节。

第二章 家庭赡养与扶养

第十三条 老年人养老以居家为基础，家庭成员应当尊重、关心和照料老年人。

第十四条 赡养人应当履行对老年人经济上供养、生活上照料和精神上慰藉的义务，照顾老年人的特殊需要。

赡养人是指老年人的子女以及其他依法负有赡养义务的人。

赡养人的配偶应当协助赡养人履行赡养义务。

第十五条 赡养人应当使患病的老年人及时得到治疗和护理；对经济困难的老年人，应当提供医疗费用。

对生活不能自理的老年人，赡养人应当承担照料责任；不能亲自照料的，可以按照老年人的意愿委托他人或者养老机构等照料。

第十六条 赡养人应当妥善安排老年人的住房，不得强迫老年人居住或者迁居条件低劣的房屋。

老年人自有的或者承租的住房，子女或者其他亲属不得侵占，不得擅自改变产权关系或者租赁关系。

老年人自有的住房，赡养人有维修的义务。

第十七条 赡养人有义务耕种或者委托他人耕种老年人承包的田地，照管或者委托他人照管老年人的林木和牲畜等，收益归老年人所有。

第十八条 家庭成员应当关心老年人的精神需求，不得忽视、冷落老年人。

与老年人分开居住的家庭成员，应当经常看望或者问候老年人。

用人单位应当按照国家有关规定保障赡养人探亲休假的权利。

第十九条 赡养人不得以放弃继承权或者其他理由，拒绝履行赡养义务。

赡养人不履行赡养义务，老年人有要求赡养人付给赡养费等权利。

赡养人不得要求老年人承担力不能及的劳动。

第二十条 经老年人同意，赡养人之间可以就履行赡养义务签订协议。赡养协议的内容不得违反法律的规定和老年人的意愿。

基层群众性自治组织、老年人组织或者赡养人所在单位监督协议的履行。

第二十一条 老年人的婚姻自由受法律保护。子女或者其他亲属不得干涉老年人离婚、再婚及婚后的生活。

赡养人的赡养义务不因老年人的婚姻关系变化而消除。

第二十二条 老年人对个人的财产，依法享有占有、使用、收益和处分的权利，子女或者其他亲属不得干涉，不得以窃取、骗取、强行索取等方式侵犯老年人的财产权益。

老年人有依法继承父母、配偶、子女或者其他亲属遗产的权利，有接受赠与的权利。子女或者其他亲属不得侵占、抢夺、转移、隐匿或者损毁应当由老年人继承或者接受赠与的财产。

老年人以遗嘱处分财产，应当依法为老年配偶保留必要的份额。

第二十三条 老年人与配偶有相互扶养的义务。

由兄、姐扶养的弟、妹成年后，有负担能力的，对年老无赡养人的兄、姐有扶养的义务。

第二十四条 赡养人、扶养人不履行赡养、扶养义务的，基层群众性自治组织、老年人组织或者赡养人、扶养人所在单位应当督促其履行。

第二十五条 禁止对老年人实施家庭暴力。

第二十六条 具备完全民事行为能力的老年人，可以在近亲属或者其他与自己关系密切、愿意承担监护责任的个人、组织中协商确定自己的监护人。监护人在老年人丧失或者部分丧失民事行为能力时，依法承担监护责任。

老年人未事先确定监护人的，其丧失或者部分丧失民事行为能力时，依照有关法律的规定确定监护人。

第二十七条 国家建立健全家庭养老支持政策，鼓励家庭成员与老年人共同生活或者就近居住，为老年人随配偶或者赡养人迁徙提供条件，为家庭成员照料老年人提供帮助。

第三章 社 会 保 障

第二十八条 国家通过基本养老保险制度，保障老年人的基本生活。

第二十九条 国家通过基本医疗保险制度，保障老年人的基本医疗需要。享受最低生活保障的老年人和符合条件的低收入家庭中的老年人参加新型农村合作医疗和城镇居民基本医疗保险所需个人缴费部分，由政府给予补贴。

有关部门制定医疗保险办法，应当对老年人给予照顾。

第三十条 国家逐步开展长期护理保障工作，保障老年人的护理需求。

对生活长期不能自理、经济困难的老年人，地方各级人民政府应当根据其失能程度等情况给予护理补贴。

第三十一条　国家对经济困难的老年人给予基本生活、医疗、居住或者其他救助。

老年人无劳动能力、无生活来源、无赡养人和扶养人，或者其赡养人和扶养人确无赡养能力或者扶养能力的，由地方各级人民政府依照有关规定给予供养或者救助。

对流浪乞讨、遭受遗弃等生活无着的老年人，由地方各级人民政府依照有关规定给予救助。

第三十二条　地方各级人民政府在实施廉租住房、公共租赁住房等住房保障制度或者进行危旧房屋改造时，应当优先照顾符合条件的老年人。

第三十三条　国家建立和完善老年人福利制度，根据经济社会发展水平和老年人的实际需要，增加老年人的社会福利。

国家鼓励地方建立八十周岁以上低收入老年人高龄津贴制度。

国家建立和完善计划生育家庭老年人扶助制度。

农村可以将未承包的集体所有的部分土地、山林、水面、滩涂等作为养老基地，收益供老年人养老。

第三十四条　老年人依法享有的养老金、医疗待遇和其他待遇应当得到保障，有关机构必须按时足额支付，不得克扣、拖欠或者挪用。

国家根据经济发展以及职工平均工资增长、物价上涨等情况，适时提高养老保障水平。

第三十五条　国家鼓励慈善组织以及其他组织和个人为老年人提供物质帮助。

第三十六条　老年人可以与集体经济组织、基层群众性自治组织、养老机构等组织或者个人签订遗赠扶养协议或者其他扶助协议。

负有扶养义务的组织或者个人按照遗赠扶养协议，承担该老年人生养死葬的义务，享有受遗赠的权利。

第四章　社会服务

第三十七条　地方各级人民政府和有关部门应当采取措施，发展城乡社区养老服务，鼓励、扶持专业服务机构及其他组织和个人，为居家的老年人提供生活照料、紧急救援、医疗护理、精神慰藉、心理咨询等多种形式的服务。

对经济困难的老年人，地方各级人民政府应当逐步给予养老服务补贴。

第三十八条 地方各级人民政府和有关部门、基层群众性自治组织，应当将养老服务设施纳入城乡社区配套设施建设规划，建立适应老年人需要的生活服务、文化体育活动、日间照料、疾病护理与康复等服务设施和网点，就近为老年人提供服务。

发扬邻里互助的传统，提倡邻里间关心、帮助有困难的老年人。

鼓励慈善组织、志愿者为老年人服务。倡导老年人互助服务。

第三十九条 各级人民政府应当根据经济发展水平和老年人服务需求，逐步增加对养老服务的投入。

各级人民政府和有关部门在财政、税费、土地、融资等方面采取措施，鼓励、扶持企业事业单位、社会组织或者个人兴办、运营养老、老年人日间照料、老年文化体育活动等设施。

第四十条 地方各级人民政府和有关部门应当按照老年人口比例及分布情况，将养老服务设施建设纳入城乡规划和土地利用总体规划，统筹安排养老服务设施建设用地及所需物资。

公益性养老服务设施用地，可以依法使用国有划拨土地或者农民集体所有的土地。

养老服务设施用地，非经法定程序不得改变用途。

第四十一条 政府投资兴办的养老机构，应当优先保障经济困难的孤寡、失能、高龄等老年人的服务需求。

第四十二条 国务院有关部门制定养老服务设施建设、养老服务质量和养老服务职业等标准，建立健全养老机构分类管理和养老服务评估制度。

各级人民政府应当规范养老服务收费项目和标准，加强监督和管理。

第四十三条　设立公益性养老机构，应当依法办理相应的登记。

设立经营性养老机构，应当在市场监督管理部门办理登记。

养老机构登记后即可开展服务活动，并向县级以上人民政府民政部门备案。

第四十四条　地方各级人民政府加强对本行政区域养老机构管理工作的领导，建立养老机构综合监管制度。

县级以上人民政府民政部门负责养老机构的指导、监督和管理，其他有关部门依照职责分工对养老机构实施监督。

第四十五条　县级以上人民政府民政部门依法履行监督检查职责，可以采取下列措施：

（一）向养老机构和个人了解情况；

（二）进入涉嫌违法的养老机构进行现场检查；

（三）查阅或者复制有关合同、票据、账簿及其他有关资料；

（四）发现养老机构存在可能危及人身健康和生命财产安全风险的，责令限期改正，逾期不改正的，责令停业整顿。

县级以上人民政府民政部门调查养老机构涉嫌违法的行为，应当遵守《中华人民共和国行政强制法》和其他有关法律、行政法规的规定。

第四十六条　养老机构变更或者终止的，应当妥善安置收住的老年人，并依照规定到有关部门办理手续。有关部门应当为养老机构妥善安置老年人提供帮助。

第四十七条　国家建立健全养老服务人才培养、使用、评价和激励制度，依法规范用工，促进从业人员劳动报酬合理增长，发展专职、兼职和志愿者相结合的养老服务队伍。

国家鼓励高等学校、中等职业学校和职业培训机构设置相关专业或者培训项目，培养养老服务专业人才。

第四十八条　养老机构应当与接受服务的老年人或者其代理人签订服务协议，明确双方的权利、义务。

养老机构及其工作人员不得以任何方式侵害老年人的权益。

第四十九条 国家鼓励养老机构投保责任保险，鼓励保险公司承保责任保险。

第五十条 各级人民政府和有关部门应当将老年医疗卫生服务纳入城乡医疗卫生服务规划，将老年人健康管理和常见病预防等纳入国家基本公共卫生服务项目。鼓励为老年人提供保健、护理、临终关怀等服务。

国家鼓励医疗机构开设针对老年病的专科或者门诊。

医疗卫生机构应当开展老年人的健康服务和疾病防治工作。

第五十一条 国家采取措施，加强老年医学的研究和人才培养，提高老年病的预防、治疗、科研水平，促进老年病的早期发现、诊断和治疗。

国家和社会采取措施，开展各种形式的健康教育，普及老年保健知识，增强老年人自我保健意识。

第五十二条 国家采取措施，发展老龄产业，将老龄产业列入国家扶持行业目录。扶持和引导企业开发、生产、经营适应老年人需要的用品和提供相关的服务。

第五章 社会优待

第五十三条 县级以上人民政府及其有关部门根据经济社会发展情况和老年人的特殊需要，制定优待老年人的办法，逐步提高优待水平。

对常住在本行政区域内的外埠老年人给予同等优待。

第五十四条 各级人民政府和有关部门应当为老年人及时、便利地领取养老金、结算医疗费和享受其他物质帮助提供条件。

第五十五条 各级人民政府和有关部门办理房屋权属关系变更、户口迁移等涉及老年人权益的重大事项时，应当就办理事项是否为老年人的真实意思表示进行询问，并依法优先办理。

第五十六条 老年人因其合法权益受侵害提起诉讼交纳诉讼费确有困难的，可以缓交、减交或者免交；需要获得律师帮助，但无力支付律师费用的，可以获得法律援助。

鼓励律师事务所、公证处、基层法律服务所和其他法律服务机构为经济困难的老年人提供免费或者优惠服务。

第五十七条 医疗机构应当为老年人就医提供方便，对老年人就医予以优先。有条件的地方，可以为老年人设立家庭病床，开展巡回医疗、护理、康复、免费体检等服务。

提倡为老年人义诊。

第五十八条 提倡与老年人日常生活密切相关的服务行业为老年人提供优先、优惠服务。

城市公共交通、公路、铁路、水路和航空客运，应当为老年人提供优待和照顾。

第五十九条 博物馆、美术馆、科技馆、纪念馆、公共图书馆、文化馆、影剧院、体育场馆、公园、旅游景点等场所，应当对老年人免费或者优惠开放。

第六十条 农村老年人不承担兴办公益事业的筹劳义务。

第六章 宜居环境

第六十一条 国家采取措施，推进宜居环境建设，为老年人提供安全、便利和舒适的环境。

第六十二条 各级人民政府在制定城乡规划时，应当根据人口老龄化发展趋势、老年人口分布和老年人的特点，统筹考虑适合老年人的公共基础设施、生活服务设施、医疗卫生设施和文化体育设施建设。

第六十三条 国家制定和完善涉及老年人的工程建设标准体系，在规划、设计、施工、监理、验收、运行、维护、管理等环节加强相关标准的实施与监督。

第六十四条 国家制定无障碍设施工程建设标准。新建、改建和扩建道路、公共交通设施、建筑物、居住区等，应当符合国家无障碍设施工程建设标准。

各级人民政府和有关部门应当按照国家无障碍设施工程建设标准，优先推进与老年人日常生活密切相关的公共服务设施的改造。

无障碍设施的所有人和管理人应当保障无障碍设施正常使用。

第六十五条 国家推动老年宜居社区建设，引导、支持老年宜居住宅的开发，推动和扶持老年人家庭无障碍设施的改造，为老年人创造无障碍居住环境。

第七章 参与社会发展

第六十六条 国家和社会应当重视、珍惜老年人的知识、技能、经验和优良品德，发挥老年人的专长和作用，保障老年人参与经济、政治、文化和社会生活。

第六十七条 老年人可以通过老年人组织，开展有益身心健康的活动。

第六十八条 制定法律、法规、规章和公共政策，涉及老年人权益重大问题的，应当听取老年人和老年人组织的意见。

老年人和老年人组织有权向国家机关提出老年人权益保障、老龄事业发展等方面的意见和建议。

第六十九条 国家为老年人参与社会发展创造条件。根据社会需要和可能，鼓励老年人在自愿和量力的情况下，从事下列活动：

（一）对青少年和儿童进行社会主义、爱国主义、集体主义和艰苦奋斗等优良传统教育；

（二）传授文化和科技知识；

（三）提供咨询服务；

（四）依法参与科技开发和应用；

（五）依法从事经营和生产活动；

（六）参加志愿服务、兴办社会公益事业；

（七）参与维护社会治安、协助调解民间纠纷；

（八）参加其他社会活动。

第七十条 老年人参加劳动的合法收入受法律保护。

任何单位和个人不得安排老年人从事危害其身心健康的劳动或者危险作业。

第七十一条　老年人有继续受教育的权利。

国家发展老年教育，把老年教育纳入终身教育体系，鼓励社会办好各类老年学校。

各级人民政府对老年教育应当加强领导，统一规划，加大投入。

第七十二条　国家和社会采取措施，开展适合老年人的群众性文化、体育、娱乐活动，丰富老年人的精神文化生活。

第八章　法 律 责 任

第七十三条　老年人合法权益受到侵害的，被侵害人或者其代理人有权要求有关部门处理，或者依法向人民法院提起诉讼。

人民法院和有关部门，对侵犯老年人合法权益的申诉、控告和检举，应当依法及时受理，不得推诿、拖延。

第七十四条　不履行保护老年人合法权益职责的部门或者组织，其上级主管部门应当给予批评教育，责令改正。

国家工作人员违法失职，致使老年人合法权益受到损害的，由其所在单位或者上级机关责令改正，或者依法给予处分；构成犯罪的，依法追究刑事责任。

第七十五条　老年人与家庭成员因赡养、扶养或者住房、财产等发生纠纷，可以申请人民调解委员会或者其他有关组织进行调解，也可以直接向人民法院提起诉讼。

人民调解委员会或者其他有关组织调解前款纠纷时，应当通过说服、疏导等方式化解矛盾和纠纷；对有过错的家庭成员，应当给予批评教育。

人民法院对老年人追索赡养费或者扶养费的申请，可以依法裁定先予执行。

第七十六条　干涉老年人婚姻自由，对老年人负有赡养义务、扶养义务而拒绝赡养、扶养，虐待老年人或者对老年人实施家庭暴力的，由有关单位给予批评教育；构成违反治安管理行为的，依法给予治安管理处罚；构成犯罪的，依法追究刑事责任。

第七十七条 家庭成员盗窃、诈骗、抢夺、侵占、勒索、故意损毁老年人财物，构成违反治安管理行为的，依法给予治安管理处罚；构成犯罪的，依法追究刑事责任。

第七十八条 侮辱、诽谤老年人，构成违反治安管理行为的，依法给予治安管理处罚；构成犯罪的，依法追究刑事责任。

第七十九条 养老机构及其工作人员侵害老年人人身和财产权益，或者未按照约定提供服务的，依法承担民事责任；有关主管部门依法给予行政处罚；构成犯罪的，依法追究刑事责任。

第八十条 对养老机构负有管理和监督职责的部门及其工作人员滥用职权、玩忽职守、徇私舞弊的，对直接负责的主管人员和其他直接责任人员依法给予处分；构成犯罪的，依法追究刑事责任。

第八十一条 不按规定履行优待老年人义务的，由有关主管部门责令改正。

第八十二条 涉及老年人的工程不符合国家规定的标准或者无障碍设施所有人、管理人未尽到维护和管理职责的，由有关主管部门责令改正；造成损害的，依法承担民事责任；对有关单位、个人依法给予行政处罚；构成犯罪的，依法追究刑事责任。

第九章 附 则

第八十三条 民族自治地方的人民代表大会，可以根据本法的原则，结合当地民族风俗习惯的具体情况，依照法定程序制定变通的或者补充的规定。

第八十四条 本法施行前设立的养老机构不符合本法规定条件的，应当限期整改。具体办法由国务院民政部门制定。

第八十五条 本法自 2013 年 7 月 1 日起施行。

中华人民共和国残疾人保障法

（1990年12月28日第七届全国人民代表大会常务委员会第十七次会议通过　2008年4月24日第十一届全国人民代表大会常务委员会第二次会议修订　根据2018年10月26日第十三届全国人民代表大会常务委员会第六次会议《关于修改〈中华人民共和国野生动物保护法〉等十五部法律的决定》修正）

目　　录

第一章　总　　则

第一条　为了维护残疾人的合法权益，发展残疾人事业，保障残疾人平等地充分参与社会生活，共享社会物质文化成果，根据宪法，制定本法。

第二条　残疾人是指在心理、生理、人体结构上，某种组织、功能丧失或者不正常，全部或者部分丧失以正常方式从事某种活动能力的人。

残疾人包括视力残疾、听力残疾、言语残疾、肢体残疾、智力残疾、精神残疾、多重残疾和其他残疾的人。

残疾标准由国务院规定。

第三条 残疾人在政治、经济、文化、社会和家庭生活等方面享有同其他公民平等的权利。

残疾人的公民权利和人格尊严受法律保护。

禁止基于残疾的歧视。禁止侮辱、侵害残疾人。禁止通过大众传播媒介或者其他方式贬低损害残疾人人格。

第四条 国家采取辅助方法和扶持措施，对残疾人给予特别扶助，减轻或者消除残疾影响和外界障碍，保障残疾人权利的实现。

第五条 县级以上人民政府应当将残疾人事业纳入国民经济和社会发展规划，加强领导，综合协调，并将残疾人事业经费列入财政预算，建立稳定的经费保障机制。

国务院制定中国残疾人事业发展纲要，县级以上地方人民政府根据中国残疾人事业发展纲要，制定本行政区域的残疾人事业发展规划和年度计划，使残疾人事业与经济、社会协调发展。

县级以上人民政府负责残疾人工作的机构，负责组织、协调、指导、督促有关部门做好残疾人事业的工作。

各级人民政府和有关部门，应当密切联系残疾人，听取残疾人的意见，按照各自的职责，做好残疾人工作。

第六条 国家采取措施，保障残疾人依照法律规定，通过各种途径和形式，管理国家事务，管理经济和文化事业，管理社会事务。

制定法律、法规、规章和公共政策，对涉及残疾人权益和残疾人事业的重大问题，应当听取残疾人和残疾人组织的意见。

残疾人和残疾人组织有权向各级国家机关提出残疾人权益保障、残疾人事业发展等方面的意见和建议。

第七条 全社会应当发扬人道主义精神，理解、尊重、关心、帮助残疾人，支持残疾人事业。

国家鼓励社会组织和个人为残疾人提供捐助和服务。

国家机关、社会团体、企业事业单位和城乡基层群众性自治组织，应当做好所属范围内的残疾人工作。

从事残疾人工作的国家工作人员和其他人员，应当依法履行职责，努力为残疾人服务。

第八条 中国残疾人联合会及其地方组织，代表残疾人的共同利益，维护残疾人的合法权益，团结教育残疾人，为残疾人服务。

中国残疾人联合会及其地方组织依照法律、法规、章程或者接受政府委托，开展残疾人工作，动员社会力量，发展残疾人事业。

第九条 残疾人的扶养人必须对残疾人履行扶养义务。

残疾人的监护人必须履行监护职责，尊重被监护人的意愿，维护被监护人的合法权益。

残疾人的亲属、监护人应当鼓励和帮助残疾人增强自立能力。

禁止对残疾人实施家庭暴力，禁止虐待、遗弃残疾人。

第十条 国家鼓励残疾人自尊、自信、自强、自立，为社会主义建设贡献力量。

残疾人应当遵守法律、法规，履行应尽的义务，遵守公共秩序，尊重社会公德。

第十一条 国家有计划地开展残疾预防工作，加强对残疾预防工作的领导，宣传、普及母婴保健和预防残疾的知识，建立健全出生缺陷预防和早期发现、早期治疗机制，针对遗传、疾病、药物、事故、灾害、环境污染和其他致残因素，组织和动员社会力量，采取措施，预防残疾的发生，减轻残疾程度。

国家建立健全残疾人统计调查制度，开展残疾人状况的统计调查和分析。

第十二条 国家和社会对残疾军人、因公致残人员以及其他为维护国家和人民利益致残的人员实行特别保障，给予抚恤和优待。

第十三条 对在社会主义建设中做出显著成绩的残疾人，对维护残疾人合法权益、发展残疾人事业、为残疾人服务做出显著成绩的单位和个人，各级人民政府和有关部门给予表彰和奖励。

第十四条 每年5月的第三个星期日为全国助残日。

第二章 康 复

第十五条 国家保障残疾人享有康复服务的权利。

各级人民政府和有关部门应当采取措施，为残疾人康复创造条件，建立和完善残疾人康复服务体系，并分阶段实施重点康复项目，帮助残疾人恢复或者补偿功能，增强其参与社会生活的能力。

第十六条 康复工作应当从实际出发，将现代康复技术与我国传统康复技术相结合；以社区康复为基础，康复机构为骨干，残疾人家庭为依托；以实用、易行、受益广的康复内容为重点，优先开展残疾儿童抢救性治疗和康复；发展符合康复要求的科学技术，鼓励自主创新，加强康复新技术的研究、开发和应用，为残疾人提供有效的康复服务。

第十七条 各级人民政府鼓励和扶持社会力量兴办残疾人康复机构。

地方各级人民政府和有关部门，应当组织和指导城乡社区服务组织、医疗预防保健机构、残疾人组织、残疾人家庭和其他社会力量，开展社区康复工作。

残疾人教育机构、福利性单位和其他为残疾人服务的机构，应当创造条件，开展康复训练活动。

残疾人在专业人员的指导和有关工作人员、志愿工作者及亲属的帮助下，应当努力进行功能、自理能力和劳动技能的训练。

第十八条 地方各级人民政府和有关部门应当根据需要有计划地在医疗机构设立康复医学科室，举办残疾人康复机构，开展康复医疗与训练、人员培训、技术指导、科学研究等工作。

第十九条 医学院校和其他有关院校应当有计划地开设康复课程，设置相关专业，培养各类康复专业人才。

政府和社会采取多种形式对从事康复工作的人员进行技术培训；

向残疾人、残疾人亲属、有关工作人员和志愿工作者普及康复知识，传授康复方法。

第二十条 政府有关部门应当组织和扶持残疾人康复器械、辅助器具的研制、生产、供应、维修服务。

第三章 教 育

第二十一条 国家保障残疾人享有平等接受教育的权利。

各级人民政府应当将残疾人教育作为国家教育事业的组成部分，统一规划，加强领导，为残疾人接受教育创造条件。

政府、社会、学校应当采取有效措施，解决残疾儿童、少年就学存在的实际困难，帮助其完成义务教育。

各级人民政府对接受义务教育的残疾学生、贫困残疾人家庭的学生提供免费教科书，并给予寄宿生活费等费用补助；对接受义务教育以外其他教育的残疾学生、贫困残疾人家庭的学生按照国家有关规定给予资助。

第二十二条 残疾人教育，实行普及与提高相结合、以普及为重点的方针，保障义务教育，着重发展职业教育，积极开展学前教育，逐步发展高级中等以上教育。

第二十三条 残疾人教育应当根据残疾人的身心特性和需要，按照下列要求实施：

（一）在进行思想教育、文化教育的同时，加强身心补偿和职业教育；

（二）依据残疾类别和接受能力，采取普通教育方式或者特殊教育方式；

（三）特殊教育的课程设置、教材、教学方法、入学和在校年龄，可以有适度弹性。

第二十四条 县级以上人民政府应当根据残疾人的数量、分布状况和残疾类别等因素，合理设置残疾人教育机构，并鼓励社会力量办学、捐资助学。

第二十五条 普通教育机构对具有接受普通教育能力的残疾人实施教育，并为其学习提供便利和帮助。

普通小学、初级中等学校，必须招收能适应其学习生活的残疾儿童、少年入学；普通高级中等学校、中等职业学校和高等学校，必须招收符合国家规定的录取要求的残疾考生入学，不得因其残疾而拒绝招收；拒绝招收的，当事人或者其亲属、监护人可以要求有关部门处理，有关部门应当责令该学校招收。

普通幼儿教育机构应当接收能适应其生活的残疾幼儿。

第二十六条 残疾幼儿教育机构、普通幼儿教育机构附设的残疾儿童班、特殊教育机构的学前班、残疾儿童福利机构、残疾儿童家庭，对残疾儿童实施学前教育。

初级中等以下特殊教育机构和普通教育机构附设的特殊教育班，对不具有接受普通教育能力的残疾儿童、少年实施义务教育。

高级中等以上特殊教育机构、普通教育机构附设的特殊教育班和残疾人职业教育机构，对符合条件的残疾人实施高级中等以上文化教育、职业教育。

提供特殊教育的机构应当具备适合残疾人学习、康复、生活特点的场所和设施。

第二十七条 政府有关部门、残疾人所在单位和有关社会组织应当对残疾人开展扫除文盲、职业培训、创业培训和其他成人教育，鼓励残疾人自学成才。

第二十八条 国家有计划地举办各级各类特殊教育师范院校、专业，在普通师范院校附设特殊教育班，培养、培训特殊教育师资。普通师范院校开设特殊教育课程或者讲授有关内容，使普通教师掌握必要的特殊教育知识。

特殊教育教师和手语翻译，享受特殊教育津贴。

第二十九条 政府有关部门应当组织和扶持盲文、手语的研究和应用，特殊教育教材的编写和出版，特殊教育教学用具及其他辅助用品的研制、生产和供应。

第四章　劳动就业

第三十条　国家保障残疾人劳动的权利。

各级人民政府应当对残疾人劳动就业统筹规划，为残疾人创造劳动就业条件。

第三十一条　残疾人劳动就业，实行集中与分散相结合的方针，采取优惠政策和扶持保护措施，通过多渠道、多层次、多种形式，使残疾人劳动就业逐步普及、稳定、合理。

第三十二条　政府和社会举办残疾人福利企业、盲人按摩机构和其他福利性单位，集中安排残疾人就业。

第三十三条　国家实行按比例安排残疾人就业制度。

国家机关、社会团体、企业事业单位、民办非企业单位应当按照规定的比例安排残疾人就业，并为其选择适当的工种和岗位。达不到规定比例的，按照国家有关规定履行保障残疾人就业义务。国家鼓励用人单位超过规定比例安排残疾人就业。

残疾人就业的具体办法由国务院规定。

第三十四条　国家鼓励和扶持残疾人自主择业、自主创业。

第三十五条　地方各级人民政府和农村基层组织，应当组织和扶持农村残疾人从事种植业、养殖业、手工业和其他形式的生产劳动。

第三十六条　国家对安排残疾人就业达到、超过规定比例或者集中安排残疾人就业的用人单位和从事个体经营的残疾人，依法给予税收优惠，并在生产、经营、技术、资金、物资、场地等方面给予扶持。国家对从事个体经营的残疾人，免除行政事业性收费。

县级以上地方人民政府及其有关部门应当确定适合残疾人生产、经营的产品、项目，优先安排残疾人福利性单位生产或者经营，并根据残疾人福利性单位的生产特点确定某些产品由其专产。

政府采购，在同等条件下应当优先购买残疾人福利性单位的产品或者服务。

地方各级人民政府应当开发适合残疾人就业的公益性岗位。

对申请从事个体经营的残疾人，有关部门应当优先核发营业执照。

对从事各类生产劳动的农村残疾人，有关部门应当在生产服务、技术指导、农用物资供应、农副产品购销和信贷等方面，给予帮助。

第三十七条 政府有关部门设立的公共就业服务机构，应当为残疾人免费提供就业服务。

残疾人联合会举办的残疾人就业服务机构，应当组织开展免费的职业指导、职业介绍和职业培训，为残疾人就业和用人单位招用残疾人提供服务和帮助。

第三十八条 国家保护残疾人福利性单位的财产所有权和经营自主权，其合法权益不受侵犯。

在职工的招用、转正、晋级、职称评定、劳动报酬、生活福利、休息休假、社会保险等方面，不得歧视残疾人。

残疾职工所在单位应当根据残疾职工的特点，提供适当的劳动条件和劳动保护，并根据实际需要对劳动场所、劳动设备和生活设施进行改造。

国家采取措施，保障盲人保健和医疗按摩人员从业的合法权益。

第三十九条 残疾职工所在单位应当对残疾职工进行岗位技术培训，提高其劳动技能和技术水平。

第四十条 任何单位和个人不得以暴力、威胁或者非法限制人身自由的手段强迫残疾人劳动。

第五章 文化生活

第四十一条 国家保障残疾人享有平等参与文化生活的权利。

各级人民政府和有关部门鼓励、帮助残疾人参加各种文化、体育、娱乐活动，积极创造条件，丰富残疾人精神文化生活。

第四十二条 残疾人文化、体育、娱乐活动应当面向基层，融于社会公共文化生活，适应各类残疾人的不同特点和需要，使残疾人广泛参与。

第四十三条 政府和社会采取下列措施，丰富残疾人的精神文化生活：

（一）通过广播、电影、电视、报刊、图书、网络等形式，及时宣传报道残疾人的工作、生活等情况，为残疾人服务；

（二）组织和扶持盲文读物、盲人有声读物及其他残疾人读物的编写和出版，根据盲人的实际需要，在公共图书馆设立盲文读物、盲人有声读物图书室；

（三）开办电视手语节目，开办残疾人专题广播栏目，推进电视栏目、影视作品加配字幕、解说；

（四）组织和扶持残疾人开展群众性文化、体育、娱乐活动，举办特殊艺术演出和残疾人体育运动会，参加国际性比赛和交流；

（五）文化、体育、娱乐和其他公共活动场所，为残疾人提供方便和照顾。有计划地兴办残疾人活动场所。

第四十四条 政府和社会鼓励、帮助残疾人从事文学、艺术、教育、科学、技术和其他有益于人民的创造性劳动。

第四十五条 政府和社会促进残疾人与其他公民之间的相互理解和交流，宣传残疾人事业和扶助残疾人的事迹，弘扬残疾人自强不息的精神，倡导团结、友爱、互助的社会风尚。

第六章　社会保障

第四十六条 国家保障残疾人享有各项社会保障的权利。

政府和社会采取措施，完善对残疾人的社会保障，保障和改善残疾人的生活。

第四十七条 残疾人及其所在单位应当按照国家有关规定参加社会保险。

残疾人所在城乡基层群众性自治组织、残疾人家庭，应当鼓励、帮助残疾人参加社会保险。

对生活确有困难的残疾人，按照国家有关规定给予社会保险补贴。

第四十八条 各级人民政府对生活确有困难的残疾人，通过多种渠道给予生活、教育、住房和其他社会救助。

县级以上地方人民政府对享受最低生活保障待遇后生活仍有特别困难的残疾人家庭，应当采取其他措施保障其基本生活。

各级人民政府对贫困残疾人的基本医疗、康复服务、必要的辅助器具的配置和更换，应当按照规定给予救助。

对生活不能自理的残疾人，地方各级人民政府应当根据情况给予护理补贴。

第四十九条 地方各级人民政府对无劳动能力、无扶养人或者扶养人不具有扶养能力、无生活来源的残疾人，按照规定予以供养。

国家鼓励和扶持社会力量举办残疾人供养、托养机构。

残疾人供养、托养机构及其工作人员不得侮辱、虐待、遗弃残疾人。

第五十条 县级以上人民政府对残疾人搭乘公共交通工具，应当根据实际情况给予便利和优惠。残疾人可以免费携带随身必备的辅助器具。

盲人持有效证件免费乘坐市内公共汽车、电车、地铁、渡船等公共交通工具。盲人读物邮件免费寄递。

国家鼓励和支持提供电信、广播电视服务的单位对盲人、听力残疾人、言语残疾人给予优惠。

各级人民政府应当逐步增加对残疾人的其他照顾和扶助。

第五十一条 政府有关部门和残疾人组织应当建立和完善社会各界为残疾人捐助和服务的渠道，鼓励和支持发展残疾人慈善事业，开展志愿者助残等公益活动。

第七章　无障碍环境

第五十二条 国家和社会应当采取措施，逐步完善无障碍设施，推进信息交流无障碍，为残疾人平等参与社会生活创造无障碍环境。

各级人民政府应当对无障碍环境建设进行统筹规划，综合协调，加强监督管理。

第五十三条 无障碍设施的建设和改造，应当符合残疾人的实际需要。

新建、改建和扩建建筑物、道路、交通设施等，应当符合国家有关无障碍设施工程建设标准。

各级人民政府和有关部门应当按照国家无障碍设施工程建设规定，逐步推进已建成设施的改造，优先推进与残疾人日常工作、生活密切相关的公共服务设施的改造。

对无障碍设施应当及时维修和保护。

第五十四条 国家采取措施，为残疾人信息交流无障碍创造条件。

各级人民政府和有关部门应当采取措施，为残疾人获取公共信息提供便利。

国家和社会研制、开发适合残疾人使用的信息交流技术和产品。

国家举办的各类升学考试、职业资格考试和任职考试，有盲人参加的，应当为盲人提供盲文试卷、电子试卷或者由专门的工作人员予以协助。

第五十五条 公共服务机构和公共场所应当创造条件，为残疾人提供语音和文字提示、手语、盲文等信息交流服务，并提供优先服务和辅助性服务。

公共交通工具应当逐步达到无障碍设施的要求。有条件的公共停车场应当为残疾人设置专用停车位。

第五十六条 组织选举的部门应当为残疾人参加选举提供便利；有条件的，应当为盲人提供盲文选票。

第五十七条 国家鼓励和扶持无障碍辅助设备、无障碍交通工具的研制和开发。

第五十八条 盲人携带导盲犬出入公共场所，应当遵守国家有关规定。

第八章　法律责任

第五十九条　残疾人的合法权益受到侵害的，可以向残疾人组织投诉，残疾人组织应当维护残疾人的合法权益，有权要求有关部门或者单位查处。有关部门或者单位应当依法查处，并予以答复。

残疾人组织对残疾人通过诉讼维护其合法权益需要帮助的，应当给予支持。

残疾人组织对侵害特定残疾人群体利益的行为，有权要求有关部门依法查处。

第六十条　残疾人的合法权益受到侵害的，有权要求有关部门依法处理，或者依法向仲裁机构申请仲裁，或者依法向人民法院提起诉讼。

对有经济困难或者其他原因确需法律援助或者司法救助的残疾人，当地法律援助机构或者人民法院应当给予帮助，依法为其提供法律援助或者司法救助。

第六十一条　违反本法规定，对侵害残疾人权益行为的申诉、控告、检举，推诿、拖延、压制不予查处，或者对提出申诉、控告、检举的人进行打击报复的，由其所在单位、主管部门或者上级机关责令改正，并依法对直接负责的主管人员和其他直接责任人员给予处分。

国家工作人员未依法履行职责，对侵害残疾人权益的行为未及时制止或者未给予受害残疾人必要帮助，造成严重后果的，由其所在单位或者上级机关依法对直接负责的主管人员和其他直接责任人员给予处分。

第六十二条　违反本法规定，通过大众传播媒介或者其他方式贬低损害残疾人人格的，由文化、广播电视、电影、新闻出版或者其他有关主管部门依据各自的职权责令改正，并依法给予行政处罚。

第六十三条　违反本法规定，有关教育机构拒不接收残疾学生入学，或者在国家规定的录取要求以外附加条件限制残疾学生就学的，由有关主管部门责令改正，并依法对直接负责的主管人员和其他直接责任人员给予处分。

第六十四条 违反本法规定，在职工的招用等方面歧视残疾人的，由有关主管部门责令改正；残疾人劳动者可以依法向人民法院提起诉讼。

第六十五条 违反本法规定，供养、托养机构及其工作人员侮辱、虐待、遗弃残疾人的，对直接负责的主管人员和其他直接责任人员依法给予处分；构成违反治安管理行为的，依法给予行政处罚。

第六十六条 违反本法规定，新建、改建和扩建建筑物、道路、交通设施，不符合国家有关无障碍设施工程建设标准，或者对无障碍设施未进行及时维修和保护造成后果的，由有关主管部门依法处理。

第六十七条 违反本法规定，侵害残疾人的合法权益，其他法律、法规规定行政处罚的，从其规定；造成财产损失或者其他损害的，依法承担民事责任；构成犯罪的，依法追究刑事责任。

第九章 附　　则

第六十八条 本法自 2008 年 7 月 1 日起施行。

法律援助条例

（2003年7月16日国务院第15次常务会议通过　2003年7月21日中华人民共和国国务院令第385号公布　自2003年9月1日起施行）

第一章　总　　则

第一条　为了保障经济困难的公民获得必要的法律服务，促进和规范法律援助工作，制定本条例。

第二条　符合本条例规定的公民，可以依照本条例获得法律咨询、代理、刑事辩护等无偿法律服务。

第三条　法律援助是政府的责任，县级以上人民政府应当采取积极措施推动法律援助工作，为法律援助提供财政支持，保障法律援助事业与经济、社会协调发展。

法律援助经费应当专款专用，接受财政、审计部门的监督。

第四条　国务院司法行政部门监督管理全国的法律援助工作。县级以上地方各级人民政府司法行政部门监督管理本行政区域的法律援助工作。

中华全国律师协会和地方律师协会应当按照律师协会章程对依据本条例实施的法律援助工作予以协助。

第五条　直辖市、设区的市或者县级人民政府司法行政部门根据需要确定本行政区域的法律援助机构。

法律援助机构负责受理、审查法律援助申请，指派或者安排人员为符合本条例规定的公民提供法律援助。

第六条　律师应当依照律师法和本条例的规定履行法律援助义务，为受援人提供符合标准的法律服务，依法维护受援人的合法权益，接受律师协会和司法行政部门的监督。

第七条 国家鼓励社会对法律援助活动提供捐助。

第八条 国家支持和鼓励社会团体、事业单位等社会组织利用自身资源为经济困难的公民提供法律援助。

第九条 对在法律援助工作中作出突出贡献的组织和个人，有关的人民政府、司法行政部门应当给予表彰、奖励。

第二章 法律援助范围

第十条 公民对下列需要代理的事项，因经济困难没有委托代理人的，可以向法律援助机构申请法律援助：

（一）依法请求国家赔偿的；

（二）请求给予社会保险待遇或者最低生活保障待遇的；

（三）请求发给抚恤金、救济金的；

（四）请求给付赡养费、抚养费、扶养费的；

（五）请求支付劳动报酬的；

（六）主张因见义勇为行为产生的民事权益的。

省、自治区、直辖市人民政府可以对前款规定以外的法律援助事项作出补充规定。

公民可以就本条第一款、第二款规定的事项向法律援助机构申请法律咨询。

第十一条 刑事诉讼中有下列情形之一的，公民可以向法律援助机构申请法律援助：

（一）犯罪嫌疑人在被侦查机关第一次讯问后或者采取强制措施之日起，因经济困难没有聘请律师的；

（二）公诉案件中的被害人及其法定代理人或者近亲属，自案件移送审查起诉之日起，因经济困难没有委托诉讼代理人的；

（三）自诉案件的自诉人及其法定代理人，自案件被人民法院受理之日起，因经济困难没有委托诉讼代理人的。

第十二条 公诉人出庭公诉的案件，被告人因经济困难或者其他原因没有委托辩护人，人民法院为被告人指定辩护时，法律援助机构应当提供法律援助。

被告人是盲、聋、哑人或者未成年人而没有委托辩护人的，或者被告人可能被判处死刑而没有委托辩护人的，人民法院为被告人指定辩护时，法律援助机构应当提供法律援助，无须对被告人进行经济状况的审查。

第十三条 本条例所称公民经济困难的标准，由省、自治区、直辖市人民政府根据本行政区域经济发展状况和法律援助事业的需要规定。

申请人住所地的经济困难标准与受理申请的法律援助机构所在地的经济困难标准不一致的，按照受理申请的法律援助机构所在地的经济困难标准执行。

第三章 法律援助申请和审查

第十四条 公民就本条例第十条所列事项申请法律援助，应当按照下列规定提出：

（一）请求国家赔偿的，向赔偿义务机关所在地的法律援助机构提出申请；

（二）请求给予社会保险待遇、最低生活保障待遇或者请求发给抚恤金、救济金的，向提供社会保险待遇、最低生活保障待遇或者发给抚恤金、救济金的义务机关所在地的法律援助机构提出申请；

（三）请求给付赡养费、抚养费、扶养费的，向给付赡养费、抚养费、扶养费的义务人住所地的法律援助机构提出申请；

（四）请求支付劳动报酬的，向支付劳动报酬的义务人住所地的法律援助机构提出申请；

（五）主张因见义勇为行为产生的民事权益的，向被请求人住所地的法律援助机构提出申请。

第十五条 本条例第十一条所列人员申请法律援助的，应当向审理案件的人民法院所在地的法律援助机构提出申请。被羁押的犯罪嫌疑人的申请由看守所在24小时内转交法律援助机构，申请法律援助所需提交的有关证件、证明材料由看守所通知申请人的法定代理人或者近亲属协助提供。

第十六条 申请人为无民事行为能力人或者限制民事行为能力人的，由其法定代理人代为提出申请。

无民事行为能力人或者限制民事行为能力人与其法定代理人之间发生诉讼或者因其他利益纠纷需要法律援助的，由与该争议事项无利害关系的其他法定代理人代为提出申请。

第十七条 公民申请代理、刑事辩护的法律援助应当提交下列证件、证明材料：

（一）身份证或者其他有效的身份证明，代理申请人还应当提交有代理权的证明；

（二）经济困难的证明；

（三）与所申请法律援助事项有关的案件材料。

申请应当采用书面形式，填写申请表；以书面形式提出申请确有困难的，可以口头申请，由法律援助机构工作人员或者代为转交申请的有关机构工作人员作书面记录。

第十八条 法律援助机构收到法律援助申请后，应当进行审查；认为申请人提交的证件、证明材料不齐全的，可以要求申请人作出必要的补充或者说明，申请人未按要求作出补充或者说明的，视为撤销申请；认为申请人提交的证件、证明材料需要查证的，由法律援助机构向有关机关、单位查证。

对符合法律援助条件的，法律援助机构应当及时决定提供法律援助；对不符合法律援助条件的，应当书面告知申请人理由。

第十九条 申请人对法律援助机构作出的不符合法律援助条件的通知有异议的，可以向确定该法律援助机构的司法行政部门提出，司法行政部门应当在收到异议之日起5个工作日内进行审查，经审查认为申请人符合法律援助条件的，应当以书面形式责令法律援助机构及时对该申请人提供法律援助。

第四章　法律援助实施

第二十条　由人民法院指定辩护的案件，人民法院在开庭 10 日前将指定辩护通知书和起诉书副本或者判决书副本送交其所在地的法律援助机构；人民法院不在其所在地审判的，可以将指定辩护通知书和起诉书副本或者判决书副本送交审判地的法律援助机构。

第二十一条　法律援助机构可以指派律师事务所安排律师或者安排本机构的工作人员办理法律援助案件；也可以根据其他社会组织的要求，安排其所属人员办理法律援助案件。对人民法院指定辩护的案件，法律援助机构应当在开庭 3 日前将确定的承办人员名单回复作出指定的人民法院。

第二十二条　办理法律援助案件的人员，应当遵守职业道德和执业纪律，提供法律援助不得收取任何财物。

第二十三条　办理法律援助案件的人员遇有下列情形之一的，应当向法律援助机构报告，法律援助机构经审查核实的，应当终止该项法律援助：

（一）受援人的经济收入状况发生变化，不再符合法律援助条件的；

（二）案件终止审理或者已被撤销的；

（三）受援人又自行委托律师或者其他代理人的；

（四）受援人要求终止法律援助的。

第二十四条　受指派办理法律援助案件的律师或者接受安排办理法律援助案件的社会组织人员在案件结案时，应当向法律援助机构提交有关的法律文书副本或者复印件以及结案报告等材料。

法律援助机构收到前款规定的结案材料后，应当向受指派办理法律援助案件的律师或者接受安排办理法律援助案件的社会组织人员支付法律援助办案补贴。

法律援助办案补贴的标准由省、自治区、直辖市人民政府司法行政部门会同同级财政部门，根据当地经济发展水平，参考法律援助机构办理各类法律援助案件的平均成本等因素核定，并可以根据需要调整。

第二十五条 法律援助机构对公民申请的法律咨询服务，应当即时办理；复杂疑难的，可以预约择时办理。

第五章 法律责任

第二十六条 法律援助机构及其工作人员有下列情形之一的，对直接负责的主管人员以及其他直接责任人员依法给予纪律处分：

（一）为不符合法律援助条件的人员提供法律援助，或者拒绝为符合法律援助条件的人员提供法律援助的；

（二）办理法律援助案件收取财物的；

（三）从事有偿法律服务的；

（四）侵占、私分、挪用法律援助经费的。

办理法律援助案件收取的财物，由司法行政部门责令退还；从事有偿法律服务的违法所得，由司法行政部门予以没收；侵占、私分、挪用法律援助经费的，由司法行政部门责令追回，情节严重，构成犯罪的，依法追究刑事责任。

第二十七条 律师事务所拒绝法律援助机构的指派，不安排本所律师办理法律援助案件的，由司法行政部门给予警告、责令改正；情节严重的，给予1个月以上3个月以下停业整顿的处罚。

第二十八条 律师有下列情形之一的，由司法行政部门给予警告、责令改正；情节严重的，给予1个月以上3个月以下停止执业的处罚：

（一）无正当理由拒绝接受、擅自终止法律援助案件的；

（二）办理法律援助案件收取财物的。

有前款第（二）项违法行为的，由司法行政部门责令退还违法所得的财物，可以并处所收财物价值1倍以上3倍以下的罚款。

第二十九条 律师办理法律援助案件违反职业道德和执业纪律的，按照律师法的规定予以处罚。

第三十条 司法行政部门工作人员在法律援助的监督管理工作中，有滥用职权、玩忽职守行为的，依法给予行政处分；情节严重，构成犯罪的，依法追究刑事责任。

第六章 附　　则

第三十一条 本条例自 2003 年 9 月 1 日起施行。

关于刑事诉讼法律援助工作的规定

（2013 年 2 月 4 日　司发通〔2013〕18 号）

第一条 为加强和规范刑事诉讼法律援助工作，根据《中华人民共和国刑事诉讼法》、《中华人民共和国律师法》、《法律援助条例》以及其他相关规定，结合法律援助工作实际，制定本规定。

第二条 犯罪嫌疑人、被告人因经济困难没有委托辩护人的，本人及其近亲属可以向办理案件的公安机关、人民检察院、人民法院所在地同级司法行政机关所属法律援助机构申请法律援助。

具有下列情形之一，犯罪嫌疑人、被告人没有委托辩护人的，可以依照前款规定申请法律援助：

（一）有证据证明犯罪嫌疑人、被告人属于一级或者二级智力残疾的；

（二）共同犯罪案件中，其他犯罪嫌疑人、被告人已委托辩护人的；

（三）人民检察院抗诉的；

（四）案件具有重大社会影响的。

第三条 公诉案件中的被害人及其法定代理人或者近亲属，自诉案件中的自诉人及其法定代理人，因经济困难没有委托诉讼代理人的，可以向办理案件的人民检察院、人民法院所在地同级司法行政政机关所属法律援助机构申请法律援助。

第四条 公民经济困难的标准，按案件受理地所在的省、自治区、直辖市人民政府的规定执行。

第五条 公安机关、人民检察院在第一次讯问犯罪嫌疑人或者采取强制措施的时候，应当告知犯罪嫌疑人有权委托辩护人，并告知其如果符合本规定第二条规定，本人及其近亲属可以向法律援助机构申请法律援助。

人民检察院自收到移送审查起诉的案件材料之日起 3 日内，应当告知犯罪嫌疑人有权委托辩护人，并告知其如果符合本规定第二条规定，本人及其近亲属可以向法律援助机构申请法律援助；应当告知被害人及其法定代理人或者近亲属有权委托诉讼代理人，并告知其如果经济困难，可以向法律援助机构申请法律援助。

人民法院自受理案件之日起 3 日内，应当告知被告人有权委托辩护人，并告知其如果符合本规定第二条规定，本人及其近亲属可以向法律援助机构申请法律援助；应当告知自诉人及其法定代理人有权委托诉讼代理人，并告知其如果经济困难，可以向法律援助机构申请法律援助。人民法院决定再审的案件，应当自决定再审之日起 3 日内履行相关告知职责。

犯罪嫌疑人、被告人具有本规定第九条规定情形的，公安机关、人民检察院、人民法院应当告知其如果不委托辩护人，将依法通知法律援助机构指派律师为其提供辩护。

第六条 告知可以采取口头或者书面方式，告知的内容应当易于被告知人理解。口头告知的，应当制作笔录，由被告知人签名；书面告知的，应当将送达回执入卷。对于被告知人当场表达申请法律援助意愿的，应当记录在案。

第七条 被羁押的犯罪嫌疑人、被告人提出法律援助申请的，公安机关、人民检察院、人民法院应当在收到申请 24 小时内将其申请转交或者告知法律援助机构，并于 3 日内通知申请人的法定代理人、近亲属或者其委托的其他人员协助向法律援助机构提供有关证件、证明等相关材料。犯罪嫌疑人、被告人的法定代理人或者近亲属无法通知的，应当在转交申请时一并告知法律援助机构。

第八条 法律援助机构收到申请后应当及时进行审查并于 7 日内作出决定。对符合法律援助条件的，应当决定给予法律援助，并制作给予法律援助决定书；对不符合法律援助条件的，应当决定不予法律援助，制作不予法律援助决定书。给予法律援助决定书和不予法律援助决定书应当及时发送申请人，并函告公安机关、人民检察院、人民法院。

对于犯罪嫌疑人、被告人申请法律援助的案件，法律援助机构可以向公安机关、人民检察院、人民法院了解案件办理过程中掌握的犯罪嫌疑人、被告人是否具有本规定第二条规定情形等情况。

第九条 犯罪嫌疑人、被告人具有下列情形之一没有委托辩护人的，公安机关、人民检察院、人民法院应当自发现该情形之日起 3 日内，通知所在地同级司法行政机关所属法律援助机构指派律师为其提供辩护：

（一）未成年人；

（二）盲、聋、哑人；

（三）尚未完全丧失辨认或者控制自己行为能力的精神病人；

（四）可能被判处无期徒刑、死刑的人。

第十条 公安机关、人民检察院、人民法院通知辩护的，应当将通知辩护公函和采取强制措施决定书、起诉意见书、起诉书、判决书副本或者复印件送交法律援助机构。

通知辩护公函应当载明犯罪嫌疑人或者被告人的姓名、涉嫌的罪名、羁押场所或者住所、通知辩护的理由、办案机关联系人姓名和联系方式等。

第十一条 人民法院自受理强制医疗申请或者发现被告人符合强制医疗条件之日起 3 日内，对于被申请人或者被告人没有委托诉讼代理人的，应当向法律援助机构送交通知代理公函，通知其指派律师担任被申请人或被告人的诉讼代理人，为其提供法律帮助。

人民检察院申请强制医疗的，人民法院应当将强制医疗申请书副本一并送交法律援助机构。

通知代理公函应当载明被申请人或者被告人的姓名、法定代理人的姓名和联系方式、办案机关联系人姓名和联系方式。

第十二条 法律援助机构应当自作出给予法律援助决定或者自收到通知辩护公函、通知代理公函之日起3日内，确定承办律师并函告公安机关、人民检察院、人民法院。

法律援助机构出具的法律援助公函应当载明承办律师的姓名、所属单位及联系方式。

第十三条 对于可能被判处无期徒刑、死刑的案件，法律援助机构应当指派具有一定年限刑事辩护执业经历的律师担任辩护人。

对于未成年人案件，应当指派熟悉未成年人身心特点的律师担任辩护人。

第十四条 承办律师接受法律援助机构指派后，应当按照有关规定及时办理委托手续。

承办律师应当在首次会见犯罪嫌疑人、被告人时，询问是否同意为其辩护，并制作笔录。犯罪嫌疑人、被告人不同意的，律师应当书面告知公安机关、人民检察院、人民法院和法律援助机构。

第十五条 对于依申请提供法律援助的案件，犯罪嫌疑人、被告人坚持自己辩护，拒绝法律援助机构指派的律师为其辩护的，法律援助机构应当准许，并作出终止法律援助的决定；对于有正当理由要求更换律师的，法律援助机构应当另行指派律师为其提供辩护。

对于应当通知辩护的案件，犯罪嫌疑人、被告人拒绝法律援助机构指派的律师为其辩护的，公安机关、人民检察院、人民法院应当查明拒绝的原因，有正当理由的，应当准许，同时告知犯罪嫌疑人、被告人需另行委托辩护人。犯罪嫌疑人、被告人未另行委托辩护人的，公安机关、人民检察院、人民法院应当及时通知法律援助机构另行指派律师为其提供辩护。

第十六条 人民检察院审查批准逮捕时，认为犯罪嫌疑人具有应当通知辩护的情形，公安机关未通知法律援助机构指派律师的，应当通知公安机关予以纠正，公安机关应当将纠正情况通知人民检察院。

第十七条 在案件侦查终结前，承办律师提出要求的，侦查机关应当听取其意见，并记录在案。承办律师提出书面意见的，应当附卷。

第十八条 人民法院决定变更开庭时间的，应当在开庭 3 日前通知承办律师。承办律师有正当理由不能按时出庭的，可以申请人民法院延期开庭。人民法院同意延期开庭的，应当及时通知承办律师。

第十九条 人民法院决定不开庭审理的案件，承办律师应当在接到人民法院不开庭通知之日起 10 日内向人民法院提交书面辩护意见。

第二十条 人民检察院、人民法院应当对承办律师复制案卷材料的费用予以免收或者减收。

第二十一条 公安机关在撤销案件或者移送审查起诉后，人民检察院在作出提起公诉、不起诉或者撤销案件决定后，人民法院在终止审理或者作出裁决后，以及公安机关、人民检察院、人民法院将案件移送其他机关办理后，应当在 5 日内将相关法律文书副本或者复印件送达承办律师，或者书面告知承办律师。

公安机关的起诉意见书，人民检察院的起诉书、不起诉决定书，人民法院的判决书、裁定书等法律文书，应当载明作出指派的法律援助机构名称、承办律师姓名以及所属单位等情况。

第二十二条 具有下列情形之一的，法律援助机构应当作出终止法律援助决定，制作终止法律援助决定书发送受援人，并自作出决定之日起 3 日内函告公安机关、人民检察院、人民法院：

（一）受援人的经济收入状况发生变化，不再符合法律援助条件的；

（二）案件终止办理或者已被撤销的；

（三）受援人自行委托辩护人或者代理人的；

（四）受援人要求终止法律援助的，但应当通知辩护的情形除外；

（五）法律、法规规定应当终止的其他情形。

公安机关、人民检察院、人民法院在案件办理过程中发现有前款规定情形的，应当及时函告法律援助机构。

第二十三条 申请人对法律援助机构不予援助的决定有异议的，可以向主管该法律援助机构的司法行政机关提出。司法行政机关应当在收到异议之日起5个工作日内进行审查，经审查认为申请人符合法律援助条件的，应当以书面形式责令法律援助机构及时对该申请人提供法律援助，同时通知申请人；认为申请人不符合法律援助条件的，应当维持法律援助机构不予援助的决定，并书面告知申请人。

受援人对法律援助机构终止法律援助的决定有异议的，按照前款规定办理。

第二十四条 犯罪嫌疑人、被告人及其近亲属、法定代理人，强制医疗案件中的被申请人、被告人的法定代理人认为公安机关、人民检察院、人民法院应当告知其可以向法律援助机构申请法律援助而没有告知，或者应当通知法律援助机构指派律师为其提供辩护或者诉讼代理而没有通知的，有权向同级或者上一级人民检察院申诉或者控告。人民检察院应当对申诉或者控告及时进行审查，情况属实的，通知有关机关予以纠正。

第二十五条 律师应当遵守有关法律法规和法律援助业务规程，做好会见、阅卷、调查取证、解答咨询、参加庭审等工作，依法为受援人提供法律服务。

律师事务所应当对律师办理法律援助案件进行业务指导，督促律师在办案过程中尽职尽责，恪守职业道德和执业纪律。

第二十六条 法律援助机构依法对律师事务所、律师开展法律援助活动进行指导监督，确保办案质量。

司法行政机关和律师协会根据律师事务所、律师履行法律援助义务情况实施奖励和惩戒。

公安机关、人民检察院、人民法院在案件办理过程中发现律师有违法或者违反职业道德和执业纪律行为，损害受援人利益的，应当及时向法律援助机构通报有关情况。

第二十七条 公安机关、人民检察院、人民法院和司法行政机关应当加强协调，建立健全工作机制，做好法律援助咨询、申请转交、组织实施等方面的衔接工作，促进刑事法律援助工作有效开展。

第二十八条 本规定自2013年3月1日起施行。2005年9月28日最高人民法院、最高人民检察院、公安部、司法部下发的《关于刑事诉讼法律援助工作的规定》同时废止。

关于依法保障律师执业权利的规定

（2015年9月16日 司发〔2015〕14号）

第一条 为切实保障律师执业权利，充分发挥律师维护当事人合法权益、维护法律正确实施、维护社会公平和正义的作用，促进司法公正，根据有关法律法规，制定本规定。

第二条 人民法院、人民检察院、公安机关、国家安全机关、司法行政机关应当尊重律师，健全律师执业权利保障制度，依照刑事诉讼法、民事诉讼法、行政诉讼法及律师法的规定，在各自职责范围内依法保障律师知情权、申请权、申诉权，以及会见、阅卷、收集证据和发问、质证、辩论等方面的执业权利，不得阻碍律师依法履行辩护、代理职责，不得侵害律师合法权利。

第三条 人民法院、人民检察院、公安机关、国家安全机关、司法行政机关和律师协会应当建立健全律师执业权利救济机制。

律师因依法执业受到侮辱、诽谤、威胁、报复、人身伤害的，有关机关应当及时制止并依法处理，必要时对律师采取保护措施。

第四条 人民法院、人民检察院、公安机关、国家安全机关、司法行政机关应当建立和完善诉讼服务中心、立案或受案场所、律师会见室、阅卷室，规范工作流程，方便律师办理立案、会见、阅卷、参与庭审、申请执行等事务。探索建立网络信息系统和律师服务平台，提高案件办理效率。

第五条 办案机关在办理案件中应当依法告知当事人有权委托辩护人、诉讼代理人。对于符合法律援助条件而没有委托辩护人或者诉讼代理人的，办案机关应当及时告知当事人有权申请法律援助，并按照相关规定向法律援助机构转交申请材料。办案机关发现犯罪嫌疑人、被告人属于依法应当提供法律援助的情形的，应当及时通知法律援助机构指派律师为其提供辩护。

第六条 辩护律师接受犯罪嫌疑人、被告人委托或者法律援助机构的指派后，应当告知办案机关，并可以依法向办案机关了解犯罪嫌疑人、被告人涉嫌或者被指控的罪名及当时已查明的该罪的主要事实，犯罪嫌疑人、被告人被采取、变更、解除强制措施的情况，侦查机关延长侦查羁押期限等情况，办案机关应当依法及时告知辩护律师。

办案机关作出移送审查起诉、退回补充侦查、提起公诉、延期审理、二审不开庭审理、宣告判决等重大程序性决定的，以及人民检察院将直接受理立案侦查案件报请上一级人民检察院审查决定逮捕的，应当依法及时告知辩护律师。

第七条 辩护律师到看守所会见在押的犯罪嫌疑人、被告人，看守所在查验律师执业证书、律师事务所证明和委托书或者法律援助公函后，应当及时安排会见。能当时安排的，应当当时安排；不能当时安排的，看守所应当向辩护律师说明情况，并保证辩护律师在四十八小时以内会见到在押的犯罪嫌疑人、被告人。

看守所安排会见不得附加其他条件或者变相要求辩护律师提交法律规定以外的其他文件、材料，不得以未收到办案机关通知为由拒绝安排辩护律师会见。

看守所应当设立会见预约平台，采取网上预约、电话预约等方式为辩护律师会见提供便利，但不得以未预约会见为由拒绝安排辩护律师会见。

辩护律师会见在押的犯罪嫌疑人、被告人时，看守所应当采取必要措施，保障会见顺利和安全进行。律师会见在押的犯罪嫌疑人、被告人的，看守所应当保障律师履行辩护职责需要的时间和次数，并与看守所工作安排和办案机关侦查工作相协调。辩护律师会见犯罪嫌疑人、被告人时不被监听，办案机关不得派员在场。在律师会见室不足的情况下，看守所经辩护律师书面同意，可以安排在讯问室会见，但应当关闭录音、监听设备。犯罪嫌疑人、被告人委托两名律师担任辩护人的，两名辩护律师可以共同会见，也可以单独会见。辩护律师可以带一名律师助理协助会见。助理人员随同辩护律师参加会见的，应当出示律师事务所证明和律师执业证书或申请律师执业人员实习证。办案机关应当核实律师助理的身份。

第八条 在押的犯罪嫌疑人、被告人提出解除委托关系的，办案机关应当要求其出具或签署书面文件，并在三日以内转交受委托的律师或者律师事务所。辩护律师可以要求会见在押的犯罪嫌疑人、被告人，当面向其确认解除委托关系，看守所应当安排会见；但犯罪嫌疑人、被告人书面拒绝会见的，看守所应当将有关书面材料转交辩护律师，不予安排会见。

在押的犯罪嫌疑人、被告人的监护人、近亲属解除代为委托辩护律师关系的，经犯罪嫌疑人、被告人同意的，看守所应当允许新代为委托的辩护律师会见，由犯罪嫌疑人、被告人确认新的委托关系；犯罪嫌疑人、被告人不同意解除原辩护律师的委托关系的，看守所应当终止新代为委托的辩护律师会见。

第九条 辩护律师在侦查期间要求会见危害国家安全犯罪、恐怖活动犯罪、特别重大贿赂犯罪案件在押的犯罪嫌疑人的，应当向侦查机关提出申请。侦查机关应当依法及时审查辩护律师提出的会见申请，在三日以内将是否许可的决定书面答复辩护律师，并明确告知负责与辩护律师联系的部门及工作人员的联系方式。对许可会见的，应当向辩护律师出具许可决定文书；因有碍侦查或者可能泄露国家秘密而不许可会见的，应当向辩护律师说明理由。有碍侦查或者可能泄露国家秘密的情形消失后，应当许可会见，并及时通知看守所和辩护律师。对特别重大贿赂案件在侦查终结前，侦查机关应当许可辩护律师至少会见一次犯罪嫌疑人。

侦查机关不得随意解释和扩大前款所述三类案件的范围，限制律师会见。

第十条 自案件移送审查起诉之日起，辩护律师会见犯罪嫌疑人、被告人，可以向其核实有关证据。

第十一条 辩护律师会见在押的犯罪嫌疑人、被告人，可以根据需要制作会见笔录，并要求犯罪嫌疑人、被告人确认无误后在笔录上签名。

第十二条 辩护律师会见在押的犯罪嫌疑人、被告人需要翻译人员随同参加的，应当提前向办案机关提出申请，并提交翻译人员身份证明及其所在单位出具的证明。办案机关应当及时审查并在三日以内作出是否许可的决定。许可翻译人员参加会见的，应当向辩护律师出具许可决定文书，并通知看守所。不许可的，应当向辩护律师书面说明理由，并通知其更换。

翻译人员应当持办案机关许可决定文书和本人身份证明，随同辩护律师参加会见。

第十三条 看守所应当及时传递辩护律师同犯罪嫌疑人、被告人的往来信件。看守所可以对信件进行必要的检查，但不得截留、复制、删改信件，不得向办案机关提供信件内容，但信件内容涉及危害国家安全、公共安全、严重危害他人人身安全以及涉嫌串供、毁灭证据等情形的除外。

第十四条 辩护律师自人民检察院对案件审查起诉之日起，可以查阅、摘抄、复制本案的案卷材料，人民检察院检察委员会的讨论记录、人民法院合议庭、审判委员会的讨论记录以及其他依法不能公开的材料除外。人民检察院、人民法院应当为辩护律师查阅、摘抄、复制案卷材料提供便利，有条件的地方可以推行电子化阅卷，允许刻录、下载材料。侦查机关应当在案件移送审查起诉后三日以内，人民检察院应当在提起公诉后三日以内，将案件移送情况告知辩护律师。案件提起公诉后，人民检察院对案卷所附证据材料有调整或者补充的，应当及时告知辩护律师。辩护律师对调整或者补充的证据材料，有权查阅、摘抄、复制。辩护律师办理申诉、抗诉案件，在人民检察院、人民法院经审查决定立案后，可以持律师执业证书、律师事务所证明和委托书或者法律援助公函到案卷档案管理部门、持有案卷档案的办案部门查阅、摘抄、复制已经审理终结案件的案卷材料。

辩护律师提出阅卷要求的，人民检察院、人民法院应当当时安排辩护律师阅卷，无法当时安排的，应当向辩护律师说明并安排其在三个工作日以内阅卷，不得限制辩护律师阅卷的次数和时间。有条件的地方可以设立阅卷预约平台。

人民检察院、人民法院应当为辩护律师阅卷提供场所和便利，配备必要的设备。因复制材料发生费用的，只收取工本费用。律师办理法律援助案件复制材料发生的费用，应当予以免收或者减收。辩护律师可以采用复印、拍照、扫描、电子数据拷贝等方式复制案卷材料，可以根据需要带律师助理协助阅卷。办案机关应当核实律师助理的身份。

辩护律师查阅、摘抄、复制的案卷材料属于国家秘密的，应当经过人民检察院、人民法院同意并遵守国家保密规定。律师不得违反规定，披露、散布案件重要信息和案卷材料，或者将其用于本案辩护、代理以外的其他用途。

第十五条 辩护律师提交与案件有关材料的，办案机关应当在工作时间和办公场所予以接待，当面了解辩护律师提交材料的目的、材料的来源和主要内容等有关情况并记录在案，与相关材料一并附卷，并出具回执。辩护律师应当提交原件，提交原件确有困难的，经办案机关准许，也可以提交复印件，经与原件核对无误后由辩护律师签名确认。辩护律师通过服务平台网上提交相关材料的，办案机关应当在网上出具回执。辩护律师应当及时向办案机关提供原件核对，并签名确认。

第十六条 在刑事诉讼审查起诉、审理期间，辩护律师书面申请调取公安机关、人民检察院在侦查、审查起诉期间收集但未提交的证明犯罪嫌疑人、被告人无罪或者罪轻的证据材料的，人民检察院、人民法院应当依法及时审查。经审查，认为辩护律师申请调取的证据材料已收集并且与案件事实有联系的，应当及时调取。相关证据材料提交后，人民检察院、人民法院应当及时通知辩护律师查阅、摘抄、复制。经审查决定不予调取的，应当书面说明理由。

第十七条 辩护律师申请向被害人或者其近亲属、被害人提供的证人收集与本案有关的材料的，人民检察院、人民法院应当在七日以内作出是否许可的决定，并通知辩护律师。辩护律师书面提出有关申请时，办案机关不许可的，应当书面说明理由；辩护律师口头提出申请的，办案机关可以口头答复。

第十八条 辩护律师申请人民检察院、人民法院收集、调取证据的，人民检察院、人民法院应当在三日以内作出是否同意的决定，并通知辩护律师。辩护律师书面提出有关申请时，办案机关不同意的，应当书面说明理由；辩护律师口头提出申请的，办案机关可以口头答复。

第十九条 辩护律师申请向正在服刑的罪犯收集与案件有关的材料的，监狱和其他监管机关在查验律师执业证书、律师事务所证明和犯罪嫌疑人、被告人委托书或法律援助公函后，应当及时安排并提供合适的场所和便利。

正在服刑的罪犯属于辩护律师所承办案件的被害人或者其近亲属、被害人提供的证人的，应当经人民检察院或者人民法院许可。

第二十条 在民事诉讼、行政诉讼过程中，律师因客观原因无法自行收集证据的，可以依法向人民法院申请调取。经审查符合规定的，人民法院应当予以调取。

第二十一条 侦查机关在案件侦查终结前，人民检察院、人民法院在审查批准、决定逮捕期间，最高人民法院在复核死刑案件期间，辩护律师提出要求的，办案机关应当听取辩护律师的意见。人民检察院审查起诉、第二审人民法院决定不开庭审理的，应当充分听取辩护律师的意见。

辩护律师要求当面反映意见或者提交证据材料的，办案机关应当依法办理，并制作笔录附卷。辩护律师提出的书面意见和证据材料，应当附卷。

第二十二条 辩护律师书面申请变更或者解除强制措施的，办案机关应当在三日以内作出处理决定。辩护律师的申请符合法律规定的，办案机关应当及时变更或者解除强制措施；经审查认为不应当变更或者解除强制措施的，应当告知辩护律师，并书面说明理由。

第二十三条 辩护律师在侦查、审查起诉、审判期间发现案件有关证据存在刑事诉讼法第五十四条规定的情形的，可以向办案机关申请排除非法证据。

辩护律师在开庭以前申请排除非法证据，人民法院对证据收集合法性有疑问的，应当依照刑事诉讼法第一百八十二条第二款的规定召开庭前会议，就非法证据排除问题了解情况，听取意见。

辩护律师申请排除非法证据的，办案机关应当听取辩护律师的意见，按照法定程序审查核实相关证据，并依法决定是否予以排除。

第二十四条 辩护律师在开庭以前提出召开庭前会议、回避、补充鉴定或者重新鉴定以及证人、鉴定人出庭等申请的，人民法院应当及时审查作出处理决定，并告知辩护律师。

第二十五条 人民法院确定案件开庭日期时，应当为律师出庭预留必要的准备时间并书面通知律师。律师因开庭日期冲突等正当理由申请变更开庭日期的，人民法院应当在不影响案件审理期限的情况下，予以考虑并调整日期，决定调整日期的，应当及时通知律师。

律师可以根据需要，向人民法院申请带律师助理参加庭审。律师助理参加庭审仅能从事相关辅助工作，不得发表辩护、代理意见。

第二十六条 有条件的人民法院应当建立律师参与诉讼专门通道，律师进入人民法院参与诉讼确需安全检查的，应当与出庭履行职务的检察人员同等对待。有条件的人民法院应当设置专门的律师更衣室、休息室或者休息区域，并配备必要的桌椅、饮水及上网设施等，为律师参与诉讼提供便利。

第二十七条 法庭审理过程中，律师对审判人员、检察人员提出回避申请的，人民法院、人民检察院应当依法作出处理。

第二十八条 法庭审理过程中，经审判长准许，律师可以向当事人、证人、鉴定人和有专门知识的人发问。

第二十九条 法庭审理过程中，律师可以就证据的真实性、合法性、关联性，从证明目的、证明效果、证明标准、证明过程等方面，进行法庭质证和相关辩论。

第三十条 法庭审理过程中，律师可以就案件事实、证据和适用法律等问题，进行法庭辩论。

第三十一条 法庭审理过程中，法官应当注重诉讼权利平等和控辩平衡。对于律师发问、质证、辩论的内容、方式、时间等，法庭应当依法公正保障，以便律师充分发表意见，查清案件事实。

法庭审理过程中，法官可以对律师的发问、辩论进行引导，除发言过于重复、相关问题已在庭前会议达成一致、与案件无关或者侮辱、诽谤、威胁他人，故意扰乱法庭秩序的情况外，法官不得随意打断或者制止律师按程序进行的发言。

第三十二条 法庭审理过程中，律师可以提出证据材料，申请通知新的证人、有专门知识的人出庭，申请调取新的证据，申请重新鉴定或者勘验、检查。在民事诉讼中，申请有专门知识的人出庭，应当在举证期限届满前向人民法院申请，经法庭许可后才可以出庭。

第三十三条 法庭审理过程中，遇有被告人供述发生重大变化、拒绝辩护等重大情形，经审判长许可，辩护律师可以与被告人进行交流。

第三十四条 法庭审理过程中，有下列情形之一的，律师可以向法庭申请休庭：

（一）辩护律师因法定情形拒绝为被告人辩护的；

（二）被告人拒绝辩护律师为其辩护的；

（三）需要对新的证据作辩护准备的；

（四）其他严重影响庭审正常进行的情形。

第三十五条 辩护律师作无罪辩护的，可以当庭就量刑问题发表辩护意见，也可以庭后提交量刑辩护意见。

第三十六条 人民法院适用普通程序审理案件，应当在裁判文书中写明律师依法提出的辩护、代理意见，以及是否采纳的情况，并说明理由。

第三十七条 对于诉讼中的重大程序信息和送达当事人的诉讼文书，办案机关应当通知辩护、代理律师。

第三十八条 法庭审理过程中，律师就回避，案件管辖，非法证据排除，申请通知证人、鉴定人、有专门知识的人出庭，申请通知新的证人到庭，调取新的证据，申请重新鉴定、勘验等问题当庭提出申请，或者对法庭审理程序提出异议的，法庭原则上应当休庭进行审查，依照法定程序作出决定。其他律师有相同异议的，应一并提出，法庭一并休庭审查。法庭决定驳回申请或者异议的，律师可当庭提出复议。经复议后，律师应当尊重法庭的决定，服从法庭的安排。

律师不服法庭决定保留意见的内容应当详细记入法庭笔录，可以作为上诉理由，或者向同级或者上一级人民检察院申诉、控告。

第三十九条 律师申请查阅人民法院录制的庭审过程的录音、录像的，人民法院应当准许。

第四十条 侦查机关依法对在诉讼活动中涉嫌犯罪的律师采取强制措施后，应当在四十八小时以内通知其所在的律师事务所或者所属的律师协会。

第四十一条 律师认为办案机关及其工作人员明显违反法律规定，阻碍律师依法履行辩护、代理职责，侵犯律师执业权利的，可以向该办案机关或者其上一级机关投诉。

办案机关应当畅通律师反映问题和投诉的渠道，明确专门部门负责处理律师投诉，并公开联系方式。

办案机关应当对律师的投诉及时调查，律师要求当面反映情况的，应当当面听取律师的意见。经调查情况属实的，应当依法立即纠正，及时答复律师，做好说明解释工作，并将处理情况通报其所在地司法行政机关或者所属的律师协会。

第四十二条 在刑事诉讼中，律师认为办案机关及其工作人员的下列行为阻碍律师依法行使诉讼权利的，可以向同级或者上一级人民检察院申诉、控告：

（一）未依法向律师履行告知、转达、通知和送达义务的；

（二）办案机关认定律师不得担任辩护人、代理人的情形有误的；

（三）对律师依法提出的申请，不接收、不答复的；

（四）依法应当许可律师提出的申请未许可的；

（五）依法应当听取律师的意见未听取的；

（六）其他阻碍律师依法行使诉讼权利的行为。

律师依照前款规定提出申诉、控告的，人民检察院应当在受理后十日以内进行审查，并将处理情况书面答复律师。情况属实的，通知有关机关予以纠正。情况不属实的，做好说明解释工作。

人民检察院应当依法严格履行保障律师依法执业的法律监督职责，处理律师申诉控告。在办案过程中发现有阻碍律师依法行使诉讼权利行为的，应当依法、及时提出纠正意见。

第四十三条 办案机关或者其上一级机关、人民检察院对律师提出的投诉、申诉、控告，经调查核实后要求有关机关予以纠正，有关机关拒不纠正或者累纠累犯的，应当由相关机关的纪检监察部门依照有关规定调查处理，相关责任人构成违纪的，给予纪律处分。

第四十四条 律师认为办案机关及其工作人员阻碍其依法行使执业权利的，可以向其所执业律师事务所所在地的市级司法行政机关、所属的律师协会申请维护执业权利。情况紧急的，可以向事发地的司法行政机关、律师协会申请维护执业权利。事发地的司法行政机关、律师协会应当给予协助。

司法行政机关、律师协会应当建立维护律师执业权利快速处置机制和联动机制，及时安排专人负责协调处理。律师的维权申请合法有据的，司法行政机关、律师协会应当建议有关办案机关依法处理，有关办案机关应当将处理情况及时反馈司法行政机关、律师协会。

司法行政机关、律师协会持有关证明调查核实律师权益保障或者违纪有关情况的，办案机关应当予以配合、协助，提供相关材料。

第四十五条 人民法院、人民检察院、公安机关、国家安全机关、司法行政机关和律师协会应当建立联席会议制度，定期沟通保障律师执业权利工作情况，及时调查处理侵犯律师执业权利的突发事件。

第四十六条 依法规范法律服务秩序，严肃查处假冒律师执业和非法从事法律服务的行为。对未取得律师执业证书或者已经被注销、吊销执业证书的人员以律师名义提供法律服务或者从事相关活动的，或者利用相关法律关于公民代理的规定从事诉讼代理或者辩护业务非法牟利的，依法追究责任，造成严重后果的，依法追究刑事责任。

第四十七条 本规定所称“办案机关”，是指负责侦查、审查逮捕、审查起诉和审判工作的公安机关、国家安全机关、人民检察院和人民法院。

第四十八条 本规定所称“律师助理”，是指辩护、代理律师所在律师事务所的其他律师和申请律师执业实习人员。

第四十九条 本规定自发布之日起施行。

办理法律援助案件程序规定

（2012 年 4 月 9 日司法部令第 124 号公布）

第一章　总　　则

第一条　为了规范办理法律援助案件，保证法律援助质量，根据《中华人民共和国刑事诉讼法》、《法律援助条例》等有关法律、行政法规的规定，制定本规定。

第二条　法律援助机构、律师事务所、基层法律服务所、其他社会组织和法律援助人员办理法律援助案件，适用本规定。

第三条　法律援助机构应当建立健全工作机制，为公民获得法律援助提供便利。

第四条　法律援助人员应当依照法律、法规及本规定，遵守有关法律服务业务规程，为受援人提供优质高效的法律服务。

第五条　法律援助人员应当保守在办理法律援助案件中知悉的国家秘密、商业秘密，不得泄露当事人的隐私。

第六条　法律援助人员办理法律援助案件，应当遵守职业道德和执业纪律，自觉接受监督。

第二章　受　　理

第七条　法律援助机构应当公示办公地址、通讯方式等信息，在接待场所和司法行政政府网站上公示法律援助条件、程序、申请材料目录和申请示范文本等。

第八条　公民因经济困难就《法律援助条例》第十条规定的事项申请法律援助的，由义务机关所在地、义务人住所地或者被请求人住所地的法律援助机构依法受理。

《法律援助条例》第十一条规定的公民因经济困难申请刑事法律援助的，由办理案件的人民法院、人民检察院、公安机关所在地的法律援助机构受理。

申请人就同一事项向两个以上法律援助机构提出申请的，由最先收到申请的法律援助机构受理。

第九条 公民申请代理、刑事辩护法律援助，应当如实提交下列申请材料：

（一）法律援助申请表。填写申请表确有困难的，由法律援助机构工作人员或者转交申请的机关、单位工作人员代为填写；

（二）身份证或者其他有效的身份证明，申请代理人还应当提交有代理权的证明；

（三）法律援助申请人经济状况证明表；

（四）与所申请法律援助事项有关的案件材料。

法律援助申请人经济状况证明表应当由法律援助地方性法规、规章规定的有权出具经济困难证明的机关、单位加盖公章。无相关规定的，由申请人住所地或者经常居住地的村民委员会、居民委员会或者所在单位加盖公章。

第十条 申请人持有下列证件、证明材料的，无需提交法律援助申请人经济状况证明表：

（一）城市居民最低生活保障证或者农村居民最低生活保障证；

（二）农村特困户救助证；

（三）农村“五保”供养证；

（四）人民法院给予申请人司法救助的决定；

（五）在社会福利机构中由政府出资供养或者由慈善机构出资供养的证明材料；

（六）残疾证及申请人住所地或者经常居住地的村民委员会、居民委员会出具的无固定生活来源的证明材料；

（七）依靠政府或者单位给付抚恤金生活的证明材料；

（八）因自然灾害等原因导致生活出现暂时困难，正在接受政府临时救济的证明材料；

（九）法律、法规及省、自治区、直辖市人民政府规定的能够证明法律援助申请人经济困难的其他证件、证明材料。

第十一条 被羁押的犯罪嫌疑人、被告人、服刑人员，劳动教养人员、强制隔离戒毒人员申请法律援助的，可以通过办理案件的人民法院、人民检察院、公安机关或者所在监狱、看守所、劳动教养管理所、强制隔离戒毒所转交申请。

第十二条 法律援助机构受理法律援助申请后，应当向申请人出具收到申请材料的书面凭证，载明收到申请材料的名称、数量、日期。

第三章 审 查

第十三条 法律援助机构应当自受理申请之日起7个工作日内进行审查，并作出是否给予法律援助的决定；属于本规定第十四条规定情形的，可以适当延长审查期限。

法律援助机构经审查认为申请人提交的申请材料不齐全或者内容不清楚的，应当发出补充材料通知或者要求申请人作出说明。申请人补充材料、作出说明所需的时间不计入审查期限。申请人未按要求补充材料或者作出说明的，视为撤销申请。

第十四条 法律援助机构认为申请人提交的申请材料需要查证的，应当向有关机关、单位调查核实。

受理申请的法律援助机构需要请求异地法律援助机构协助查证的，按照本规定第二十八条的规定办理。

第十五条 法律援助机构经审查，对于有下列情形之一的，应当认定申请人经济困难：

（一）申请人及与其共同生活的家庭成员的人均收入符合法律援助地方性法规或者省、自治区、直辖市人民政府规定的经济困难标准的；

（二）申请事项的对方当事人是与申请人共同生活的家庭成员，

申请人的个人收入符合法律援助地方性法规或者省、自治区、直辖市人民政府规定的经济困难标准的；

（三）申请人持本规定第十条规定的证件、证明材料申请法律援助，法律援助机构经审查认为真实有效的。

第十六条 法律援助机构经审查，对符合法律援助条件的，应当决定给予法律援助，并制作给予法律援助决定书；对不符合法律援助条件的，应当决定不予法律援助，并制作不予法律援助决定书。

不予法律援助决定书应当载明不予法律援助的理由及申请人提出异议的权利。

第十七条 给予法律援助决定书和不予法律援助决定书应当发送申请人；属于本规定第十一条规定情形的，法律援助机构还应当同时函告有关人民法院、人民检察院、公安机关及监狱、看守所、劳动教养管理所、强制隔离戒毒所。

第十八条 申请事项符合《法律援助条例》第十条、第十一条规定，且具有下列情形之一的，法律援助机构可以决定先行提供法律援助：

（一）距法定时效届满不足 7 日，需要及时提起诉讼或者申请仲裁、行政复议的；

（二）需要立即申请财产保全、证据保全或者先予执行的；

（三）其他紧急或者特殊情况。

先行提供法律援助的，受援人应当在法律援助机构确定的期限内补交规定的申请材料。法律援助机构经审查认为受援人不符合经济困难标准的，应当终止法律援助，并按照本规定第三十三条第二款的规定办理。

第十九条 申请人对法律援助机构不予法律援助的决定有异议的，可以向主管该法律援助机构的司法行政机关提出。

司法行政机关经审查认为申请人符合法律援助条件的，应当以书面形式责令法律援助机构及时对该申请人提供法律援助，同时书面告知申请人；认为申请人不符合法律援助条件的，应当维持法律援助机构不予法律援助的决定，书面告知申请人并说明理由。

第四章　承　　办

第二十条　对于民事、行政法律援助案件，法律援助机构应当自作出给予法律援助决定之日起 7 个工作日内指派律师事务所、基层法律服务所、其他社会组织安排其所属人员承办，或者安排本机构的工作人员承办。

对于刑事法律援助案件，法律援助机构应当自作出给予法律援助决定或者收到指定辩护通知书之日起 3 个工作日内指派律师事务所安排律师承办，或者安排本机构的法律援助律师承办。

第二十一条　法律援助机构应当根据本机构、律师事务所、基层法律服务所、其他社会组织的人员数量、资质、专业特长、承办法律援助案件的情况、受援人意愿等因素合理指派或者安排承办机构、人员。

法律援助机构、律师事务所应当指派或者安排具有一定年限刑事辩护执业经历的律师担任死刑案件的辩护人。

第二十二条　法律援助机构、律师事务所、基层法律服务所或者其他社会组织应当自指派或者安排法律援助人员之日起 5 个工作日内将法律援助人员姓名和联系方式告知受援人，并与受援人或者其法定代理人、近亲属签订委托代理协议，但因受援人的原因无法按时签订的除外。

第二十三条　法律援助人员应当在受委托的权限内，通过和解、调解、申请仲裁和提起诉讼等方式依法最大限度维护受援人合法权益。

法律援助人员代理受援人以和解或者调解方式解决纠纷的，应当征得受援人同意。

第二十四条　法律援助机构对公民申请的法律咨询服务，应当即时解答；复杂疑难的，可以与申请人预约择时办理。在解答法律咨询过程中，认为申请人可能符合代理或者刑事辩护法律援助条件的，应当告知其可以依法提出申请。

第二十五条 对于民事诉讼法律援助案件，法律援助人员应当告知受援人可以向人民法院申请司法救助，并提供协助。

第二十六条 法律援助人员会见受援人，应当制作会见笔录。会见笔录应当经受援人确认无误后签名或者按指印；受援人无阅读能力的，法律援助人员应当向受援人宣读笔录，并在笔录上载明。对于指定辩护的案件，法律援助人员应当在首次会见犯罪嫌疑人、被告人时，询问是否同意为其辩护，并记录在案。犯罪嫌疑人、被告人不同意的，应当书面告知人民法院、人民检察院、公安机关和法律援助机构。

第二十七条 法律援助人员承办案件，应当根据需要依法进行调查取证，并可以根据需要请求法律援助机构出具必要的证明文件或者与有关机关、单位进行协调。

第二十八条 法律援助人员认为需要异地调查取证的，可以向作出指派或者安排的法律援助机构报告。作出指派或者安排的法律援助机构可以请求调查取证事项所在地的法律援助机构协作。

法律援助机构请求协作的，应当向被请求的法律援助机构发出协作函件，说明案件基本情况、需要调查取证的事项、办理时限等。被请求的法律援助机构应当予以协作。因客观原因无法协作的，应当向请求协作的法律援助机构书面说明理由。

第二十九条 对于人民法院开庭审理的刑事案件，法律援助人员应当做好开庭前准备；庭审中充分陈述、质证；庭审结束后，法律援助人员应当向人民法院提交刑事辩护或者代理书面意见。

对于人民法院决定不开庭审理的指定辩护案件，法律援助人员应当自收到法律援助机构指派函之日起 10 日内向人民法院提交刑事辩护书面意见。对于其他不开庭审理的刑事案件，法律援助人员应当按照人民法院规定的期限提交刑事辩护或者代理书面意见。

第三十条 法律援助人员应当向受援人通报案件办理情况，答复受援人询问，并制作通报情况记录。

第三十一条 法律援助人员应当按照法律援助机构要求报告案件承办情况。

法律援助案件有下列情形之一的，法律援助人员应当向法律援助机构报告：

（一）主要证据认定、适用法律等方面有重大疑义的；

（二）涉及群体性事件的；

（三）有重大社会影响的；

（四）其他复杂、疑难情形。

第三十二条 受援人有证据证明法律援助人员不依法履行义务的，可以请求法律援助机构更换法律援助人员。

法律援助机构应当自受援人申请更换之日起 5 个工作日内决定是否更换。决定更换的，应当另行指派或者安排人员承办。对犯罪嫌疑人、被告人具有应当指定辩护的情形，人民法院、人民检察院、公安机关决定为其另行指定辩护人的，法律援助机构应当另行指派或者安排人员承办。

更换法律援助人员的，原法律援助人员所属单位应当与受援人解除或者变更委托代理协议，原法律援助人员应当与更换后的法律援助人员办理案件材料移交手续。

第三十三条 有下列情形之一的，应当终止法律援助：

（一）受援人不再符合法律援助经济困难标准的；

（二）案件依法终止审理或者被撤销的；

（三）受援人自行委托其他代理人或者辩护人的；

（四）受援人要求终止法律援助的；

（五）受援人利用法律援助从事违法活动的；

（六）受援人故意隐瞒与案件有关的重要事实或者提供虚假证据的；

（七）法律、法规规定应当终止的其他情形。

有上述情形的，法律援助人员应当向法律援助机构报告。法律援助机构经审查核实，决定终止法律援助的，应当制作终止法律援助决定书，并发送受援人，同时函告法律援助人员所属单位和有关机关、单位。法律援助人员所属单位应当与受援人解除委托代理协议。

受援人对法律援助机构终止法律援助的决定有异议的，按照本规定第十九条的规定办理。

第三十四条 法律援助人员应当自法律援助案件结案之日起30日内向法律援助机构提交立卷材料。

诉讼案件以法律援助人员收到判决书、裁定书、调解书之日为结案日。仲裁案件或者行政复议案件以法律援助人员收到仲裁裁决书、行政复议决定书原件或者复印件之日为结案日；其他非诉讼法律事务以受援人与对方当事人达成和解、调解协议之日为结案日；无相关文书的，以义务人开始履行义务之日为结案日。法律援助机构终止法律援助的，以法律援助人员所属单位收到终止法律援助决定函之日为结案日。

第三十五条 法律援助机构应当自收到法律援助人员提交的立卷材料之曰起30日内进行审查。对于立卷材料齐全的，应当按照规定通过法律援助人员所属单位向其支付办案补贴。

第三十六条 作出指派的法律援助机构应当对法律援助人员提交的立卷材料及受理、审查、指派等材料进行整理，一案一卷，统一归档管理。

第五章　附　　则

第三十七条 法律援助机构、律师事务所、基层法律服务所和法律援助人员从事法律援助活动违反本规定的，依照《中华人民共和国律师法》、《法律援助条例》、《律师和律师事务所违法行为处罚办法》等法律、法规和规章的规定追究法律责任。

第三十八条 法律援助文书格式由司法部制定。

第三十九条 本规定自2012年7月1日起施行。

附录二

本书所涉文件目录

法律

2018 年 12 月 29 日　中华人民共和国老年人权益保障法
2018 年 10 月 26 日　中华人民共和国残疾人保障法
2018 年 10 月 26 日　中华人民共和国刑事诉讼法
2017 年 9 月 1 日　中华人民共和国律师法

行政法规及文件

2017 年 8 月 22 日　志愿服务条例
2007 年 2 月 25 日　残疾人就业条例
2003 年 7 月 21 日　法律援助条例

部门规章及文件

2021 年 12 月 31 日　法律援助志愿者管理办法
2020 年 7 月 20 日　公安机关办理刑事案件程序规定
2019 年 10 月 17 日　关于促进律师参与公益法律服务的意见
2018 年 12 月 5 日　律师事务所管理办法
2017 年 12 月 25 日　基层法律服务工作者管理办法
2017 年 12 月 25 日　基层法律服务所管理办法
2017 年 2 月 17 日　关于律师开展法律援助工作的意见
2016 年 9 月 18 日　律师执业管理办法
2014 年 1 月 2 日　关于加强国家赔偿法律援助工作的意见
2013 年 11 月 19 日　法律援助投诉处理办法
2012 年 4 月 9 日　办理法律援助案件程序规定
2010 年 4 月 8 日　律师和律师事务所违法行为处罚办法
2010 年 4 月 8 日　律师事务所年度检查考核办法

司法解释及文件

2022 年 4 月 1 日	最高人民法院关于适用《中华人民共和国民事诉讼法》的解释
2021 年 12 月 30 日	最高人民法院、司法部关于为死刑复核案件被告人依法提供法律援助的规定（试行）
2021 年 1 月 26 日	最高人民法院关于适用《中华人民共和国刑事诉讼法》的解释
2019 年 12 月 30 日	人民检察院刑事诉讼规则
2016 年 7 月 20 日	关于推进以审判为中心的刑事诉讼制度改革的意见
2015 年 9 月 16 日	关于依法保障律师执业权利的规定
2014 年 12 月 23 日	最高人民检察院关于依法保障律师执业权利的规定
2013 年 2 月 4 日	关于刑事诉讼法律援助工作的规定

法律一本通丛书．第九版

1. 民法典一本通
2. 刑法一本通
3. 行政法一本通
4. 土地管理法一本通
5. 农村土地承包法一本通
6. 道路交通安全法一本通
7. 劳动法一本通
8. 劳动合同法一本通
9. 公司法一本通
10. 安全生产法一本通
11. 税法一本通
12. 产品质量法、食品安全法、消费者权益保护法一本通
13. 公务员法一本通
14. 商标法、专利法、著作权法一本通
15. 民事诉讼法一本通
16. 刑事诉讼法一本通
17. 行政复议法、行政诉讼法一本通
18. 个人信息保护法一本通
19. 行政处罚法一本通
20. 数据安全法一本通
21. 网络安全法、数据安全法、个人信息保护法一本通
22. 监察法、监察官法、监察法实施条例一本通
23. 法律援助法一本通
24. 家庭教育促进法、未成年人保护法、预防未成年人犯罪法一本通
25. 工会法一本通
26. 科学技术进步法一本通
27. 职业教育法一本通
28. 反垄断法一本通
29. 体育法一本通
30. 反电信网络诈骗法一本通
31. 农产品质量安全法一本通
32. 妇女权益保障法一本通
33. 治安管理处罚法一本通
34. 企业破产法一本通
35. 保险法一本通
36. 证券法一本通
37. 劳动争议调解仲裁法一本通
38. 劳动法、劳动合同法、劳动争议调解仲裁法一本通
39. 未成年人保护法、妇女权益保障法、老年人权益保障法一本通